THAI VOCABULARY
for English speakers

T&P Books vocabularies are intended to help you learn, memorize, and review foreign words. The vocabulary contains over 5000 commonly used words arranged thematically.

- Vocabulary contains the most commonly used words
- Recommended as an addition to any language course
- Meets the needs of beginners and advanced learners of foreign languages
- Convenient for daily use, revision sessions, and self-testing activities
- Allows you to assess your vocabulary

Special features of the vocabulary

- Words are organized according to their meaning, not alphabetically
- Words are presented in three columns to facilitate the reviewing and self-testing processes
- Words in groups are divided into small blocks to facilitate the learning process
- The vocabulary offers a convenient and simple transcription of each foreign word

The vocabulary has 155 topics including:

Basic Concepts, Numbers, Colors, Months, Seasons, Units of Measurement, Clothing & Accessories, Food & Nutrition, Restaurant, Family Members, Relatives, Character, Feelings, Emotions, Diseases, City, Town, Sightseeing, Shopping, Money, House, Home, Office, Working in the Office, Import & Export, Marketing, Job Search, Sports, Education, Computer, Internet, Tools, Nature, Countries, Nationalities and more ...

TABLE OF CONTENTS

Pronunciation guide	10
Abbreviations	12

BASIC CONCEPTS 13
Basic concepts. Part 1 13

1. Pronouns 13
2. Greetings. Salutations. Farewells 13
3. How to address 14
4. Cardinal numbers. Part 1 14
5. Cardinal numbers. Part 2 16
6. Ordinal numbers 16
7. Numbers. Fractions 16
8. Numbers. Basic operations 17
9. Numbers. Miscellaneous 17
10. The most important verbs. Part 1 18
11. The most important verbs. Part 2 18
12. The most important verbs. Part 3 19
13. The most important verbs. Part 4 20
14. Colors 21
15. Questions 22
16. Prepositions 23
17. Function words. Adverbs. Part 1 23
18. Function words. Adverbs. Part 2 25

Basic concepts. Part 2 27

19. Weekdays 27
20. Hours. Day and night 27
21. Months. Seasons 28
22. Units of measurement 30
23. Containers 31

HUMAN BEING 33
Human being. The body 33

24. Head 33
25. Human body 34

THAI
VOCABULARY

FOR ENGLISH SPEAKERS

ENGLISH-THAI

The most useful words
To expand your lexicon and sharpen
your language skills

5000 words

Thai vocabulary for English speakers - 5000 words
By Andrey Taranov

T&P Books vocabularies are intended for helping you learn, memorize and review foreign words. The dictionary is divided into themes, covering all major spheres of everyday activities, business, science, culture, etc.

The process of learning words using T&P Books' theme-based dictionaries gives you the following advantages:

- Correctly grouped source information predetermines success at subsequent stages of word memorization
- Availability of words derived from the same root allowing memorization of word units (rather than separate words)
- Small units of words facilitate the process of establishing associative links needed for consolidation of vocabulary
- Level of language knowledge can be estimated by the number of learned words

Copyright © 2018 T&P Books Publishing

All rights reserved. No part of this book may be reproduced or utilized in any form or by any means, electronic or mechanical, including photocopying, recording or by information storage and retrieval system, without permission in writing from the publishers.

T&P Books Publishing
www.tpbooks.com

ISBN: 978-1-78767-234-5

This book is also available in E-book formats.
Please visit www.tpbooks.com or the major online bookstores.

Clothing & Accessories 36

26. Outerwear. Coats 36
27. Men's & women's clothing 36
28. Clothing. Underwear 37
29. Headwear 37
30. Footwear 37
31. Personal accessories 38
32. Clothing. Miscellaneous 39
33. Personal care. Cosmetics 39
34. Watches. Clocks 40

Food. Nutricion 42

35. Food 42
36. Drinks 44
37. Vegetables 45
38. Fruits. Nuts 45
39. Bread. Candy 46
40. Cooked dishes 47
41. Spices 48
42. Meals 48
43. Table setting 49
44. Restaurant 50

Family, relatives and friends 51

45. Personal information. Forms 51
46. Family members. Relatives 51

Medicine 53

47. Diseases 53
48. Symptoms. Treatments. Part 1 54
49. Symptoms. Treatments. Part 2 55
50. Symptoms. Treatments. Part 3 56
51. Doctors 57
52. Medicine. Drugs. Accessories 58

HUMAN HABITAT 59
City 59

53. City. Life in the city 59
54. Urban institutions 60
55. Signs 62

T&P Books. Thai vocabulary for English speakers - 5000 words

56.	Urban transportation	63
57.	Sightseeing	64
58.	Shopping	64
59.	Money	65
60.	Post. Postal service	66

Dwelling. House. Home 68

61.	House. Electricity	68
62.	Villa. Mansion	68
63.	Apartment	69
64.	Furniture. Interior	69
65.	Bedding	70
66.	Kitchen	70
67.	Bathroom	71
68.	Household appliances	72

HUMAN ACTIVITIES 74
Job. Business. Part 1 74

69.	Office. Working in the office	74
70.	Business processes. Part 1	75
71.	Business processes. Part 2	76
72.	Production. Works	77
73.	Contract. Agreement	79
74.	Import & Export	79
75.	Finances	80
76.	Marketing	81
77.	Advertising	81
78.	Banking	82
79.	Telephone. Phone conversation	83
80.	Cell phone	84
81.	Stationery	84
82.	Kinds of business	85

Job. Business. Part 2 88

83.	Show. Exhibition	88
84.	Science. Research. Scientists	89

Professions and occupations 91

85.	Job search. Dismissal	91
86.	Business people	91
87.	Service professions	93
88.	Military professions and ranks	94
89.	Officials. Priests	94

90.	Agricultural professions	95
91.	Art professions	95
92.	Various professions	96
93.	Occupations. Social status	98

Education 99

94.	School	99
95.	College. University	100
96.	Sciences. Disciplines	101
97.	Writing system. Orthography	101
98.	Foreign languages	103

Rest. Entertainment. Travel 105

99.	Trip. Travel	105
100.	Hotel	106

TECHNICAL EQUIPMENT. TRANSPORTATION 107
Technical equipment 107

101.	Computer	107
102.	Internet. E-mail	108
103.	Electricity	109
104.	Tools	110

Transportation 113

105.	Airplane	113
106.	Train	114
107.	Ship	115
108.	Airport	117

Life events 119

109.	Holidays. Event	119
110.	Funerals. Burial	120
111.	War. Soldiers	121
112.	War. Military actions. Part 1	122
113.	War. Military actions. Part 2	123
114.	Weapons	125
115.	Ancient people	126
116.	Middle Ages	127
117.	Leader. Chief. Authorities	129
118.	Breaking the law. Criminals. Part 1	130
119.	Breaking the law. Criminals. Part 2	131

120.	Police. Law. Part 1	132
121.	Police. Law. Part 2	134

NATURE
The Earth. Part 1

122.	Outer space	136
123.	The Earth	137
124.	Cardinal directions	138
125.	Sea. Ocean	138
126.	Seas' and Oceans' names	140
127.	Mountains	140
128.	Mountains names	141
129.	Rivers	142
130.	Rivers' names	142
131.	Forest	143
132.	Natural resources	144

The Earth. Part 2

133.	Weather	146
134.	Severe weather. Natural disasters	147

Fauna

135.	Mammals. Predators	148
136.	Wild animals	148
137.	Domestic animals	150
138.	Birds	151
139.	Fish. Marine animals	152
140.	Amphibians. Reptiles	153
141.	Insects	153

Flora

142.	Trees	155
143.	Shrubs	156
144.	Fruits. Berries	156
145.	Flowers. Plants	157
146.	Cereals, grains	158

COUNTRIES. NATIONALITIES

147.	Western Europe	159
148.	Central and Eastern Europe	159
149.	Former USSR countries	160

150.	Asia	160
151.	North America	161
152.	Central and South America	161
153.	Africa	162
154.	Australia. Oceania	162
155.	Cities	163

PRONUNCIATION GUIDE

T&P phonetic alphabet	Thai example	English example

Vowels

[a]	ห้า [hâː] – hâa	shorter than in ask
[e]	เป็นลม [pen lom] – bpen lom	elm, medal
[i]	วินัย [wíʔ naj] – wí–nai	shorter than in feet
[o]	โกน [koːn] – gohn	pod, John
[u]	ขุนเคือง [kʰùn kʰɯːaŋ] – khùn kheuang	book
[aa]	ราคา [raː kʰaː] – raa–khaa	calf, palm
[oo]	ภูมิใจ [pʰuːm tɕaj] – phoom jai	pool, room
[ee]	บัญชี [ban tɕʰiː] – ban–chee	feet, meter
[eu]	เดือน [dɯːan] – deuan	similar to a longue schwa sound
[er]	เงิน [ŋɤn] – ngern	e in "the"
[ae]	แปล [plɛː] – bplae	longer than bed, fell
[ay]	เลข [leːk] – lâyk	longer than in bell
[ai]	ไปป์ [paj] – bpai	time, white
[oi]	โพย [pʰoːj] – phoi	oil, boy, point
[ya]	สัญญา [sǎn jaː] – sǎn–yaa	Kenya, piano
[oie]	อบเชย [ʔòp tɕʰɤːj] – òp–choie	Combination [ə:i]
[ieo]	หน้าเขียว [nâː siːaw] – nâa sieow	year, here

Initial consonant sounds

[b]	บาง [baːŋ] – baang	baby, book
[d]	สีแดง [sǐː dɛːŋ] – sěe daeng	day, doctor
[f]	มันฝรั่ง [man fà ràŋ] – man fà–ràng	face, food
[h]	เฮลซิงกิ [heːn siŋ kìʔ] – hayn–sing–gì	home, have
[y]	ยี่สิบ [jîː sìp] – yêe sìp	yes, New York
[g]	กรง [kroŋ] – grorng	game, gold
[kh]	เลขา [leː kʰǎː] – lay–khǎa	work hard
[l]	เล็ก [lék] – lék	lace, people
[m]	เมลอน [meː lɔːn] – may–lorn	magic, milk
[n]	หนัง [nǎŋ] – nǎng	name, normal
[ng]	เงือก [ŋɯːak] – ngêuak	English, ring
[bp]	เป็น [pen] – bpen	pencil, private
[ph]	เผา [pʰàw] – phào	top hat

T&P phonetic alphabet	Thai example	English example
[r]	เบอร์รี่ [bɤː rîː] – ber–rêe	rice, radio
[s]	ซอน [sôn] – sôrn	city, boss
[dt]	ดนตรี [don triː] – don–dtree	tourist, trip
[j]	ปั้นจั่น [pân tɕàn] – bpân jàn	cheer
[ch]	วิชา [wíʔ tɕʰaː] – wí–chaa	hitchhiker
[th]	แถว [tʰɛːw] – thăe	don't have
[w]	เดียว [kʰiːaw] – khieow	vase, winter

Final consonant sounds

[k]	แม่เหล็ก [mɛː lèk] – mâe lèk	clock, kiss
[m]	เพิ่ม [pʰɤːm] – phêrm	magic, milk
[n]	เนียน [niːan] – nian	name, normal
[ng]	เป็นห่วง [pen hùːaŋ] – bpen hùang	English, ring
[p]	ไม่ขยับ [mâj kʰà ja p] – mâi khà–yàp	pencil, private
[t]	ลูกเป็ด [lûːk pèt] – lôok bpèt	tourist, trip

Comments

Mid tone - [ā] การดูณ [gaan khon]
Low tone - [à] แจกจ่าย [jàek jàai]
Falling tone - [â] ดุ่ม [dtâem]
High tone - [á] แซ็กโซโฟน [sáek-soh-fohn]
Rising tone - [ǎ] เนินเขา [nern khǎo]

ABBREVIATIONS
used in the vocabulary

English abbreviations

ab.	-	about
adj	-	adjective
adv	-	adverb
anim.	-	animate
as adj	-	attributive noun used as adjective
e.g.	-	for example
etc.	-	et cetera
fam.	-	familiar
fem.	-	feminine
form.	-	formal
inanim.	-	inanimate
masc.	-	masculine
math	-	mathematics
mil.	-	military
n	-	noun
pl	-	plural
pron.	-	pronoun
sb	-	somebody
sing.	-	singular
sth	-	something
v aux	-	auxiliary verb
vi	-	intransitive verb
vi, vt	-	intransitive, transitive verb
vt	-	transitive verb

BASIC CONCEPTS

Basic concepts. Part 1

1. Pronouns

you	คุณ	khun
he	เขา	khǎo
she	เธอ	ther
it	มัน	man
we	เรา	rao
you (to a group)	คุณทั้งหลาย	khun tháng lǎai
you (polite, sing.)	คุณ	khun
you (polite, pl)	คุณทั้งหลาย	khun tháng lǎai
they (masc.)	เขา	khǎo
they (fem.)	เธอ	ther

2. Greetings. Salutations. Farewells

Hello! (fam.)	สวัสดี!	sà-wàt-dee
Hello! (form.)	สวัสดี ครับ/ค่ะ!	sà-wàt-dee khráp/khâ
Good morning!	อรุณสวัสดี!	a-run sà-wàt
Good afternoon!	สวัสดีตอนบ่าย	sà-wàt-dee dtorn-bàai
Good evening!	สวัสดีตอนค่ำ	sà-wàt-dee dtorn-khâm
to say hello	ทักทาย	thák thaai
Hi! (hello)	สวัสดี!	sà-wàt-dee
greeting (n)	คำทักทาย	kham thák thaai
to greet (vt)	ทักทาย	thák thaai
How are you? (form.)	คุณสบายดีไหม?	khun sà-baai dee mǎi
How are you? (fam.)	สบายดีไหม?	sà-baai dee mǎi
What's new?	มีอะไรใหม่?	mee à-rai mài
Goodbye!	ลาก่อน!	laa gòrn
Bye!	บาย!	baai
See you soon!	พบกันใหม่	phóp gan mài
Farewell! (to a friend)	ลาก่อน!	laa gòrn
Farewell! (form.)	สวัสดี!	sà-wàt-dee
to say goodbye	บอกลา	bòrk laa
So long!	ลาก่อน!	laa gòrn
Thank you!	ขอบคุณ!	khòrp khun

Thank you very much!	ขอบคุณมาก!	khòrp khun mâak
You're welcome	ยินดีช่วย	yin dee chûay
Don't mention it!	ไม่เป็นไร	mâi bpen rai
It was nothing	ไม่เป็นไร	mâi bpen rai
Excuse me! (fam.)	ขอโทษที!	khǒr thôht thee
Excuse me! (form.)	ขอโทษ ครับ/ค่ะ!	khǒr thôht khráp / khâ
to excuse (forgive)	ให้อภัย	hâi a-phai
to apologize (vi)	ขอโทษ	khǒr thôht
My apologies	ขอโทษ	khǒr thôht
I'm sorry!	ขอโทษ!	khǒr thôht
to forgive (vt)	อภัย	a-phai
It's okay! (that's all right)	ไม่เป็นไร!	mâi bpen rai
please (adv)	โปรด	bpròht
Don't forget!	อย่าลืม!	yàa leum
Certainly!	แน่นอน!	nâe norn
Of course not!	ไม่ใช่แน่!	mâi châi nâe
Okay! (I agree)	โอเค!	oh-khay
That's enough!	พอแล้ว	phor láew

3. How to address

Excuse me, ...	ขอโทษ	khǒr thôht
mister, sir	ท่าน	thâan
ma'am	คุณ	khun
miss	คุณ	khun
young man	พ่อหนุ่ม	phôr nùm
young man (little boy, kid)	หนู	nǒo
miss (little girl)	หนู	nǒo

4. Cardinal numbers. Part 1

0 zero	ศูนย์	sǒon
1 one	หนึ่ง	nèung
2 two	สอง	sǒrng
3 three	สาม	sǎam
4 four	สี่	sèe
5 five	ห้า	hâa
6 six	หก	hòk
7 seven	เจ็ด	jèt
8 eight	แปด	bpàet
9 nine	เก้า	gâo

10 ten	สิบ	sìp
11 eleven	สิบเอ็ด	sìp èt
12 twelve	สิบสอง	sìp sŏrng
13 thirteen	สิบสาม	sìp săam
14 fourteen	สิบสี่	sìp sèe
15 fifteen	สิบห้า	sìp hâa
16 sixteen	สิบหก	sìp hòk
17 seventeen	สิบเจ็ด	sìp jèt
18 eighteen	สิบแปด	sìp bpàet
19 nineteen	สิบเก้า	sìp gâo
20 twenty	ยี่สิบ	yêe sìp
21 twenty-one	ยี่สิบเอ็ด	yêe sìp èt
22 twenty-two	ยี่สิบสอง	yêe sìp sŏrng
23 twenty-three	ยี่สิบสาม	yêe sìp săam
30 thirty	สามสิบ	săam sìp
31 thirty-one	สามสิบเอ็ด	săam-sìp-èt
32 thirty-two	สามสิบสอง	săam-sìp-sŏrng
33 thirty-three	สามสิบสาม	săam-sìp-săam
40 forty	สี่สิบ	sèe sìp
41 forty-one	สี่สิบเอ็ด	sèe-sìp-èt
42 forty-two	สี่สิบสอง	sèe-sìp-sŏrng
43 forty-three	สี่สิบสาม	sèe-sìp-săam
50 fifty	ห้าสิบ	hâa sìp
51 fifty-one	ห้าสิบเอ็ด	hâa-sìp-èt
52 fifty-two	ห้าสิบสอง	hâa-sìp-sŏrng
53 fifty-three	ห้าสิบสาม	hâa-sìp-săam
60 sixty	หกสิบ	hòk sìp
61 sixty-one	หกสิบเอ็ด	hòk-sìp-èt
62 sixty-two	หกสิบสอง	hòk-sìp-sŏrng
63 sixty-three	หกสิบสาม	hòk-sìp-săam
70 seventy	เจ็ดสิบ	jèt sìp
71 seventy-one	เจ็ดสิบเอ็ด	jèt-sìp-èt
72 seventy-two	เจ็ดสิบสอง	jèt-sìp-sŏrng
73 seventy-three	เจ็ดสิบสาม	jèt-sìp-săam
80 eighty	แปดสิบ	bpàet sìp
81 eighty-one	แปดสิบเอ็ด	bpàet-sìp-èt
82 eighty-two	แปดสิบสอง	bpàet-sìp-sŏrng
83 eighty-three	แปดสิบสาม	bpàet-sìp-săam
90 ninety	เก้าสิบ	gâo sìp
91 ninety-one	เก้าสิบเอ็ด	gâo-sìp-èt
92 ninety-two	เก้าสิบสอง	gâo-sìp-sŏrng
93 ninety-three	เก้าสิบสาม	gâo-sìp-săam

5. Cardinal numbers. Part 2

100 one hundred	หนึ่งร้อย	nèung rói
200 two hundred	สองร้อย	sǒrng rói
300 three hundred	สามร้อย	sǎam rói
400 four hundred	สี่ร้อย	sèe rói
500 five hundred	ห้าร้อย	hâa rói
600 six hundred	หกร้อย	hòk rói
700 seven hundred	เจ็ดร้อย	jèt rói
800 eight hundred	แปดร้อย	bpàet rói
900 nine hundred	เการ้อย	gâo rói
1000 one thousand	หนึ่งพัน	nèung phan
2000 two thousand	สองพัน	sǒrng phan
3000 three thousand	สามพัน	sǎam phan
10000 ten thousand	หนึ่งหมื่น	nèung mèun
one hundred thousand	หนึ่งแสน	nèung sǎen
million	ล้าน	láan
billion	พันล้าน	phan láan

6. Ordinal numbers

first (adj)	แรก	râek
second (adj)	ที่สอง	thêe sǒrng
third (adj)	ที่สาม	thêe sǎam
fourth (adj)	ที่สี่	thêe sèe
fifth (adj)	ที่ห้า	thêe hâa
sixth (adj)	ที่หก	thêe hòk
seventh (adj)	ที่เจ็ด	thêe jèt
eighth (adj)	ที่แปด	thêe bpàet
ninth (adj)	ที่เก้า	thêe gâo
tenth (adj)	ที่สิบ	thêe sìp

7. Numbers. Fractions

fraction	เศษส่วน	sàyt sùan
one half	หนึ่งส่วนสอง	nèung sùan sǒrng
one third	หนึ่งส่วนสาม	nèung sùan sǎam
one quarter	หนึ่งส่วนสี่	nèung sùan sèe
one eighth	หนึ่งส่วนแปด	nèung sùan bpàet
one tenth	หนึ่งส่วนสิบ	nèung sùan sìp
two thirds	สองส่วนสาม	sǒrng sùan sǎam
three quarters	สามส่วนสี่	sǎam sùan sèe

8. Numbers. Basic operations

subtraction	การลบ	gaan lóp
to subtract (vi, vt)	ลบ	lóp
division	การหาร	gaan hǎan
to divide (vt)	หาร	hǎan
addition	การบวก	gaan bùak
to add up (vt)	บวก	bùak
to add (vi, vt)	เพิ่ม	phêrm
multiplication	การคูณ	gaan khon
to multiply (vt)	คูณ	khoon

9. Numbers. Miscellaneous

digit, figure	ตัวเลข	dtua lâyk
number	เลข	lâyk
numeral	ตัวเลข	dtua lâyk
minus sign	เครื่องหมายลบ	khrêuang mǎai lóp
plus sign	เครื่องหมายบวก	khrêuang mǎai bùak
formula	สูตร	sòot
calculation	การนับ	gaan náp
to count (vi, vt)	นับ	náp
to count up	นับ	náp
to compare (vt)	เปรียบเทียบ	bpriap thîap
How much?	เท่าไหร่?	thâo rài
How many?	กี่...?	gèe…?
sum, total	ผลรวม	phǒn ruam
result	ผลลัพธ์	phǒn láp
remainder	ที่เหลือ	thêe lěua
a few (e.g., ~ years ago)	สองสาม	sǒrng sǎam
little (I had ~ time)	นิดหน่อย	nít nòi
few (I have ~ friends)	น้อย	nói
the rest	ที่เหลือ	thêe lěua
one and a half	หนึ่งครึ่ง	nèung khrêung
dozen	โหล	lǒh
in half (adv)	เป็นสองส่วน	bpen sǒrng sùan
equally (evenly)	เท่าเทียมกัน	thâo thiam gan
half	ครึ่ง	khrêung
time (three ~s)	ครั้ง	khráng

10. The most important verbs. Part 1

to advise (vt)	แนะนำ	náe nam
to agree (say yes)	เห็นด้วย	hĕn dûay
to answer (vi, vt)	ตอบ	dtòrp
to apologize (vi)	ขอโทษ	khŏr thôht
to arrive (vi)	มา	maa
to ask (~ oneself)	ถาม	thăam
to ask (~ sb to do sth)	ขอ	khŏr
to be (vi)	เป็น	bpen
to be afraid	กลัว	glua
to be hungry	หิว	hĭw
to be interested in ...	สนใจใน	sŏn jai nai
to be needed	ต้องการ	dtôrng gaan
to be surprised	ประหลาดใจ	bprà-làat jai
to be thirsty	กระหายน้ำ	grà-hăai náam
to begin (vt)	เริ่ม	rêrm
to belong to ...	เป็นของของ...	bpen khŏrng khŏrng...
to boast (vi)	โอ้อวด	ôh ùat
to break (split into pieces)	แตก	dtàek
to call (~ for help)	เรียก	rîak
can (v aux)	สามารถ	săa-mâat
to catch (vt)	จับ	jàp
to change (vt)	เปลี่ยน	bplìan
to choose (select)	เลือก	lêuak
to come down (the stairs)	ลง	long
to compare (vt)	เปรียบเทียบ	bprìap thîap
to complain (vi, vt)	บ่น	bòn
to confuse (mix up)	สับสน	sàp sŏn
to continue (vt)	ทำต่อไป	tham dtòr bpai
to control (vt)	ควบคุม	khûap khum
to cook (dinner)	ทำอาหาร	tham aa-hăan
to cost (vt)	ราคา	raa-khaa
to count (add up)	นับ	náp
to count on ...	พึ่งพา	phêung phaa
to create (vt)	สร้าง	sâang
to cry (weep)	ร้องไห้	rórng hâi

11. The most important verbs. Part 2

to deceive (vi, vt)	หลอก	lòrk
to decorate (tree, street)	ประดับ	bprà-dàp
to defend (a country, etc.)	ปกป้อง	bpòk bpôrng

| to demand (request firmly) | เรียกร้อง | rîak rórng |
| to dig (vt) | ขุด | khùt |

to discuss (vt)	หารือ	hăa-reu
to do (vt)	ทำ	tham
to doubt (have doubts)	สงสัย	sŏng-săi
to drop (let fall)	ทิ้งให้ตก	thíng hâi dtòk
to enter (room, house, etc.)	เขา	khâo

to excuse (forgive)	ให้อภัย	hâi a-phai
to exist (vi)	มีอยู่	mee yòo
to expect (foresee)	คาดหวัง	khâat wăng
to explain (vt)	อธิบาย	à-thí-baai
to fall (vi)	ตก	dtòk

to find (vt)	พบ	phóp
to finish (vt)	จบ	jòp
to fly (vi)	บิน	bin
to follow ... (come after)	ไปตาม...	bpai dtaam...
to forget (vi, vt)	ลืม	leum

to forgive (vt)	ให้อภัย	hâi a-phai
to give (vt)	ให้	hâi
to give a hint	บอกใบ้	bòrk bâi
to go (on foot)	ไป	bpai

to go for a swim	ไปว่ายน้ำ	bpai wâai náam
to go out (for dinner, etc.)	ออกไป	òrk bpai
to guess (the answer)	คาดเดา	khâat dao

to have (vt)	มี	mee
to have breakfast	ทานอาหารเช้า	thaan aa-hăan cháo
to have dinner	ทานอาหารเย็น	thaan aa-hăan yen
to have lunch	ทานอาหารเที่ยง	thaan aa-hăan thîang
to hear (vt)	ได้ยิน	dâai yin

to help (vt)	ช่วย	chûay
to hide (vt)	ซ่อน	sôrn
to hope (vi, vt)	หวัง	wăng
to hunt (vi, vt)	ล่า	lâa
to hurry (vi)	รีบ	rêep

12. The most important verbs. Part 3

to inform (vt)	แจ้ง	jâeng
to insist (vi, vt)	ยืนยัน	yeun yan
to insult (vt)	ดูถูก	doo thòok
to invite (vt)	เชิญ	chern
to joke (vi)	ล้อเล่น	lór lên

to keep (vt)	รักษา	rák-săa
to keep silent, to hush	นิ่งเงียบ	nîng ngîap
to kill (vt)	ฆ่า	khâa
to know (sb)	รู้จัก	róo jàk
to know (sth)	รู้	róo
to laugh (vi)	หัวเราะ	hŭa rór

to liberate (city, etc.)	ปลดปล่อย	bplòt bplòi
to like (I like …)	ชอบ	chôrp
to look for … (search)	หา	hăa
to love (sb)	รัก	rák
to make a mistake	ทำผิด	tham phìt

to manage, to run	บริหาร	bor-rí-hăan
to mean (signify)	หมาย	măai
to mention (talk about)	กล่าวถึง	glàao thĕung
to miss (school, etc.)	พลาด	phlâat
to notice (see)	สังเกต	săng-gàyt

to object (vi, vt)	ค้าน	kháan
to observe (see)	สังเกตการณ์	săng-gàyt gaan
to open (vt)	เปิด	bpèrt
to order (meal, etc.)	สั่ง	sàng
to order (mil.)	สั่งการ	sàng gaan
to own (possess)	เป็นเจ้าของ	bpen jâo khŏrng

to participate (vi)	มีส่วนร่วม	mee sùan rûam
to pay (vi, vt)	จ่าย	jàai
to permit (vt)	อนุญาต	a-nú-yâat
to plan (vt)	วางแผน	waang phăen
to play (children)	เล่น	lên

to pray (vi, vt)	ภาวนา	phaa-wá-naa
to prefer (vt)	ชอบ	chôrp
to promise (vt)	สัญญา	săn-yaa
to pronounce (vt)	ออกเสียง	òrk sĭang
to propose (vt)	เสนอ	sà-nĕr
to punish (vt)	ลงโทษ	long thôht

13. The most important verbs. Part 4

to read (vi, vt)	อ่าน	àan
to recommend (vt)	แนะนำ	náe nam
to refuse (vi, vt)	ปฏิเสธ	bpà-dtì-sàyt
to regret (be sorry)	เสียใจ	sĭa jai
to rent (sth from sb)	เช่า	châo

to repeat (say again)	ซ้ำ	sám
to reserve, to book	จอง	jorng
to run (vi)	วิ่ง	wîng

to save (rescue)	กู้	gôo
to say (~ thank you)	บอก	bòrk
to scold (vt)	ดุด่า	dù dàa
to see (vt)	เห็น	hĕn
to sell (vt)	ขาย	khăai
to send (vt)	ส่ง	sòng
to shoot (vi)	ยิง	ying
to shout (vi)	ตะโกน	dtà-gohn
to show (vt)	แสดง	sà-daeng
to sign (document)	ลงนาม	long naam
to sit down (vi)	นั่ง	nâng
to smile (vi)	ยิ้ม	yím
to speak (vi, vt)	พูด	phôot
to steal (money, etc.)	ขโมย	khà-moi
to stop (for pause, etc.)	หยุด	yùt
to stop (please ~ calling me)	หยุด	yùt
to study (vt)	เรียน	rian
to swim (vi)	ว่ายน้ำ	wâai náam
to take (vt)	เอา	ao
to think (vi, vt)	คิด	khít
to threaten (vt)	ขู่	khòo
to touch (with hands)	แตะต้อง	dtàe dtôrng
to translate (vt)	แปล	bplae
to trust (vt)	เชื่อ	chêua
to try (attempt)	พยายาม	phá-yaa-yaam
to turn (e.g., ~ left)	เลี้ยว	líeow
to underestimate (vt)	ดูถูก	doo thòok
to understand (vt)	เข้าใจ	khâo jai
to unite (vt)	สมาน	sà-măan
to wait (vt)	รอ	ror
to want (wish, desire)	ต้องการ	dtôrng gaan
to warn (vt)	เตือน	dteuan
to work (vi)	ทำงาน	tham ngaan
to write (vt)	เขียน	khĭan
to write down	จด	jòt

14. Colors

color	สี	sĕe
shade (tint)	สีอ่อน	sĕe òrn
hue	สีสัน	sĕe săn
rainbow	สายรุ้ง	săai rúng

white (adj)	สีขาว	sĕe khăao
black (adj)	สีดำ	sĕe dam
gray (adj)	สีเทา	sĕe thao
green (adj)	สีเขียว	sĕe khĭeow
yellow (adj)	สีเหลือง	sĕe lĕuang
red (adj)	สีแดง	sĕe daeng
blue (adj)	สีน้ำเงิน	sĕe nám ngern
light blue (adj)	สีฟ้า	sĕe fáa
pink (adj)	สีชมพู	sĕe chom-poo
orange (adj)	สีส้ม	sĕe sôm
violet (adj)	สีม่วง	sĕe mûang
brown (adj)	สีน้ำตาล	sĕe nám dtaan
golden (adj)	สีทอง	sĕe thorng
silvery (adj)	สีเงิน	sĕe ngern
beige (adj)	สีน้ำตาลอ่อน	sĕe nám dtaan òrn
cream (adj)	สีครีม	sĕe khreem
turquoise (adj)	สีเขียวแกมน้ำเงิน	sĕe khĭeow gaem náam ngern
cherry red (adj)	สีแดงเชอร์รี่	sĕe daeng cher-rêe
lilac (adj)	สีม่วงอ่อน	sĕe mûang-òrn
crimson (adj)	สีแดงเข้ม	sĕe daeng khâym
light (adj)	อ่อน	òrn
dark (adj)	แก่	gàe
bright, vivid (adj)	สด	sòt
colored (pencils)	สี	sĕe
color (e.g., ~ film)	สี	sĕe
black-and-white (adj)	ขาวดำ	khăao-dam
plain (one-colored)	สีเดียว	sĕe dieow
multicolored (adj)	หลากสี	làak sĕe

15. Questions

Who?	ใคร?	khrai
What?	อะไร?	a-rai
Where? (at, in)	ที่ไหน?	thêe năi
Where (to)?	ที่ไหน?	thêe năi
From where?	จากที่ไหน?	jàak thêe năi
When?	เมื่อไหร่?	mêua rài
Why? (What for?)	ทำไม?	tham-mai
Why? (~ are you crying?)	ทำไม?	tham-mai
What for?	เพื่ออะไร?	phêua a-rai
How? (in what way)	อย่างไร?	yàang rai
What? (What kind of ...?)	อะไร?	a-rai

Which?	ไหน?	năi
To whom?	สำหรับใคร?	săm-ràp khrai
About whom?	เกี่ยวกับใคร?	gìeow gàp khrai
About what?	เกี่ยวกับอะไร?	gìeow gàp a-rai
With whom?	กับใคร?	gàp khrai
How many?	กี่...?	gèe...?
How much?	เท่าไหร่?	thâo rài
Whose?	ของใคร?	khŏrng khrai

16. Prepositions

with (accompanied by)	กับ	gàp
without	ปราศจาก	bpràat-sà-jàak
to (indicating direction)	ไปที่	bpai thêe
about (talking ~ ...)	เกี่ยวกับ	gìeow gàp
before (in time)	ก่อน	gòrn
in front of ...	หน้า	nâa
under (beneath, below)	ใต้	dtâi
above (over)	เหนือ	nĕua
on (atop)	บน	bon
from (off, out of)	จาก	jàak
of (made from)	ทำใช้	tham chái
in (e.g., ~ ten minutes)	ใน	nai
over (across the top of)	ข้าม	khâam

17. Function words. Adverbs. Part 1

Where? (at, in)	ที่ไหน?	thêe năi
here (adv)	ที่นี่	thêe nêe
there (adv)	ที่นั่น	thêe nân
somewhere (to be)	ที่ใดที่หนึ่ง	thêe dai thêe nèung
nowhere (not in any place)	ไม่มีที่ไหน	mâi mee thêe năi
by (near, beside)	ข้าง	khâang
by the window	ข้างหน้าต่าง	khâang nâa dtàang
Where (to)?	ที่ไหน?	thêe năi
here (e.g., come ~!)	ที่นี่	thêe nêe
there (e.g., to go ~)	ที่นั่น	thêe nân
from here (adv)	จากที่นี่	jàak thêe nêe
from there (adv)	จากที่นั่น	jàak thêe nân
close (adv)	ใกล้	glâi
far (adv)	ไกล	glai

near (e.g., ~ Paris)	ใกล้	glâi
nearby (adv)	ใกล้ๆ	glâi glâi
not far (adv)	ไม่ไกล	mâi glai
left (adj)	ซ้าย	sáai
on the left	ข้างซ้าย	khâang sáai
to the left	ซ้าย	sáai
right (adj)	ขวา	khwǎa
on the right	ข้างขวา	khâang kwǎa
to the right	ขวา	khwǎa
in front (adv)	ข้างหน้า	khâang nâa
front (as adj)	หน้า	nâa
ahead (the kids ran ~)	หน้า	nâa
behind (adv)	ข้างหลัง	khâang lǎng
from behind	จากข้างหลัง	jàak khâang lǎng
back (towards the rear)	หลัง	lǎng
middle	กลาง	glaang
in the middle	ตรงกลาง	dtrorng glaang
at the side	ข้าง	khâang
everywhere (adv)	ทุกที่	thúk thêe
around (in all directions)	รอบ	rôrp
from inside	จากข้างใน	jàak khâang nai
somewhere (to go)	ที่ไหน	thêe nǎi
straight (directly)	ตรงไป	dtrorng bpai
back (e.g., come ~)	กลับ	glàp
from anywhere	จากที่ใด	jàak thêe dai
from somewhere	จากที่ใด	jàak thêe dai
firstly (adv)	ข้อที่หนึ่ง	khôr thêe nèung
secondly (adv)	ข้อที่สอง	khôr thêe sǒrng
thirdly (adv)	ข้อที่สาม	khôr thêe sǎam
suddenly (adv)	ในทันที	nai than thee
at first (in the beginning)	ตอนแรก	dtorn-râek
for the first time	เป็นครั้งแรก	bpen khráng râek
long before ...	นานก่อน	naan gòrn
anew (over again)	ใหม่	mài
for good (adv)	ให้จบสิ้น	hâi jòp sîn
never (adv)	ไม่เคย	mâi khoie
again (adv)	อีกครั้งหนึ่ง	èek khráng nèung
now (at present)	ตอนนี้	dtorn-née
often (adv)	บ่อย	bòi
then (adv)	เวลานั้น	way-laa nán
urgently (quickly)	อย่างเร่งด่วน	yàang râyng dùan

usually (adv)	มักจะ	mák jà
by the way, ...	อนึ่ง	à-nèung
possibly	เป็นไปได้	bpen bpai dâai
probably (adv)	อาจจะ	àat jà
maybe (adv)	อาจจะ	àat jà
besides ...	นอกจากนั้น...	nôrk jàak nán...
that's why ...	นั้นเป็นเหตุผลที่...	nân bpen hàyt phŏn thêe...
in spite of ...	แม้ว่า...	máe wâa...
thanks to ...	เนื่องจาก...	nêuang jàak...

what (pron.)	อะไร	a-rai
that (conj.)	ที่	thêe
something	อะไร	a-rai
anything (something)	อะไรก็ตาม	a-rai gôr dtaam
nothing	ไม่มีอะไร	mâi mee a-rai

who (pron.)	ใคร	khrai
someone	บางคน	baang khon
somebody	บางคน	baang khon

nobody	ไม่มีใคร	mâi mee khrai
nowhere (a voyage to ~)	ไม่ไปไหน	mâi bpai năi
nobody's	ไม่เป็นของของใคร	mâi bpen khŏrng khŏrng khrai
somebody's	ของคนหนึ่ง	khŏrng khon nèung

so (I'm ~ glad)	มาก	mâak
also (as well)	ด้วย	dûay
too (as well)	ด้วย	dûay

18. Function words. Adverbs. Part 2

Why?	ทำไม?	tham-mai
for some reason	เพราะเหตุผลอะไร	phrór hàyt phŏn à-rai
because ...	เพราะว่า...	phrór wâa
for some purpose	ด้วยจุดประสงค์อะไร	dûay jùt bprà-sŏng a-rai

and	และ	láe
or	หรือ	rĕu
but	แต่	dtàe
for (e.g., ~ me)	สำหรับ	săm-ràp

too (~ many people)	เกินไป	gern bpai
only (exclusively)	เท่านั้น	thâo nán
exactly (adv)	ตรง	dtrorng
about (more or less)	ประมาณ	bprà-maan

approximately (adv)	ประมาณ	bprà-maan
approximate (adj)	ประมาณ	bprà-maan
almost (adv)	เกือบ	gèuap

the rest	ที่เหลือ	thêe lĕua
the other (second)	อีก	èek
other (different)	อื่น	èun
each (adj)	ทุก	thúk
any (no matter which)	ใดๆ	dai dai
many (adj)	หลาย	lăai
much (adv)	มาก	mâak
many people	หลายคน	lăai khon
all (everyone)	ทุกๆ	thúk thúk

in return for ...	ที่จะเปลี่ยนเป็น	thêe jà bplìan bpen
in exchange (adv)	แทน	thaen
by hand (made)	ใช้มือ	chái meu
hardly (negative opinion)	แทบจะไม่	thâep jà mâi

probably (adv)	อาจจะ	àat jà
on purpose (intentionally)	โดยเจตนา	doi jàyt-dtà-naa
by accident (adv)	บังเอิญ	bang-ern

very (adv)	มาก	mâak
for example (adv)	ยกตัวอย่าง	yók dtua yàang
between	ระหว่าง	rá-wàang
among	ท่ามกลาง	tâam-glaang
so much (such a lot)	มากมาย	mâak maai
especially (adv)	โดยเฉพาะ	doi chà-phór

Basic concepts. Part 2

19. Weekdays

Monday	วันจันทร์	wan jan
Tuesday	วันอังคาร	wan ang-khaan
Wednesday	วันพุธ	wan phút
Thursday	วันพฤหัสบดี	wan phá-réu-hàt-sà-bor-dee
Friday	วันศุกร์	wan sùk
Saturday	วันเสาร์	wan săo
Sunday	วันอาทิตย์	wan aa-thít
today (adv)	วันนี้	wan née
tomorrow (adv)	พรุ่งนี้	phrûng-née
the day after tomorrow	วันมะรืนนี้	wan má-reun née
yesterday (adv)	เมื่อวานนี้	mêua waan née
the day before yesterday	เมื่อวานซืนนี้	mêua waan-seun née
day	วัน	wan
working day	วันทำงาน	wan tham ngaan
public holiday	วันนักขัตฤกษ์	wan nák-khàt-rêrk
day off	วันหยุด	wan yùt
weekend	วันสุดสัปดาห์	wan sùt sàp-daa
all day long	ทั้งวัน	tháng wan
the next day (adv)	วันรุ่งขึ้น	wan rûng khêun
two days ago	สองวันก่อน	sŏrng wan gòrn
the day before	วันก่อนหน้านี้	wan gòrn nâa née
daily (adj)	รายวัน	raai wan
every day (adv)	ทุกวัน	thúk wan
week	สัปดาห์	sàp-daa
last week (adv)	สัปดาห์ก่อน	sàp-daa gòrn
next week (adv)	สัปดาห์หน้า	sàp-daa nâa
weekly (adj)	รายสัปดาห์	raai sàp-daa
every week (adv)	ทุกสัปดาห์	thúk sàp-daa
twice a week	สัปดาห์ละสองครั้ง	sàp-daa lá sŏrng khráng
every Tuesday	ทุกวันอังคาร	túk wan ang-khaan

20. Hours. Day and night

morning	เช้า	cháo
in the morning	ตอนเช้า	dtorn cháo

noon, midday	เที่ยงวัน	thîang wan
in the afternoon	ตอนบาย	dtorn bàai
evening	เย็น	yen
in the evening	ตอนเย็น	dtorn yen
night	คืน	kheun
at night	กลางคืน	glaang kheun
midnight	เที่ยงคืน	thîang kheun
second	วินาที	wí-naa-thee
minute	นาที	naa-thee
hour	ชั่วโมง	chûa mohng
half an hour	ครึ่งชั่วโมง	khrêung chûa mohng
a quarter-hour	สิบห้านาที	sìp hâa naa-thee
fifteen minutes	สิบห้านาที	sìp hâa naa-thee
24 hours	24 ชั่วโมง	yêe sìp sèe · chûa mohng
sunrise	พระอาทิตย์ขึ้น	phrá aa-thít khêun
dawn	ใกล้รุ่ง	glâi rûng
early morning	เช้า	cháo
sunset	พระอาทิตย์ตก	phrá aa-thít dtòk
early in the morning	ตอนเช้า	dtorn cháo
this morning	เช้านี้	cháo née
tomorrow morning	พรุ่งนี้เช้า	phrûng-née cháo
this afternoon	บ่ายนี้	bàai née
in the afternoon	ตอนบ่าย	dtorn bàai
tomorrow afternoon	พรุ่งนี้บ่าย	phrûng-née bàai
tonight (this evening)	คืนนี้	kheun née
tomorrow night	คืนพรุ่งนี้	kheun phrûng-née
at 3 o'clock sharp	3 โมงตรง	săam mohng dtrorng
about 4 o'clock	ประมาณ 4 โมง	bprà-maan sèe mohng
by 12 o'clock	ภายใน 12 โมง	phaai nai sìp sŏng mohng
in 20 minutes	อีก 20 นาที	èek yêe sìp naa-thee
in an hour	อีกหนึ่งชั่วโมง	èek nèung chûa mohng
on time (adv)	ทันเวลา	than way-laa
a quarter to ...	อีกสิบห้านาที	èek sìp hâa naa-thee
within an hour	ภายในหนึ่งชั่วโมง	phaai nai nèung chûa mohng
every 15 minutes	ทุก 15 นาที	thúk sìp hâa naa-thee
round the clock	ทั้งวัน	tháng wan

21. Months. Seasons

January	มกราคม	mók-gà-raa khom
February	กุมภาพันธ์	gum-phaa phan

March	มีนาคม	mee-naa khom
April	เมษายน	may-sǎa-yon
May	พฤษภาคม	phréut-sà-phaa khom
June	มิถุนายน	mí-thù-naa-yon

July	กรกฎาคม	gà-rá-gà-daa-khom
August	สิงหาคม	sǐng hǎa khom
September	กันยายน	gan-yaa-yon
October	ตุลาคม	dtù-laa khom
November	พฤศจิกายน	phréut-sà-jì-gaa-yon
December	ธันวาคม	than-waa khom

spring	ฤดูใบไม้ผลิ	réu-doo bai máai phlì
in spring	ฤดูใบไม้ผลิ	réu-doo bai máai phlì
spring (as adj)	ฤดูใบไม้ผลิ	réu-doo bai máai phlì

summer	ฤดูร้อน	réu-doo rórn
in summer	ฤดูร้อน	réu-doo rórn
summer (as adj)	ฤดูร้อน	réu-doo rórn

fall	ฤดูใบไม้ร่วง	réu-doo bai máai rûang
in fall	ฤดูใบไม้ร่วง	réu-doo bai máai rûang
fall (as adj)	ฤดูใบไม้ร่วง	réu-doo bai máai rûang

winter	ฤดูหนาว	réu-doo nǎao
in winter	ฤดูหนาว	réu-doo nǎao
winter (as adj)	ฤดูหนาว	réu-doo nǎao

month	เดือน	deuan
this month	เดือนนี้	deuan née
next month	เดือนหน้า	deuan nâa
last month	เดือนที่แล้ว	deuan thêe láew

a month ago	หนึ่งเดือน ก่อนหน้านี้	nèung deuan gòrn nâa née
in a month (a month later)	อีกหนึ่งเดือน	èek nèung deuan
in 2 months (2 months later)	อีกสองเดือน	èek sǒrng deuan
the whole month	ทั้งเดือน	tháng deuan
all month long	ตลอดทั้งเดือน	dtà-lòrt tháng deuan

monthly (~ magazine)	รายเดือน	raai deuan
monthly (adv)	ทุกเดือน	thúk deuan
every month	ทุกเดือน	thúk deuan
twice a month	เดือนละสองครั้ง	deuan lá sǒrng kráng

year	ปี	bpee
this year	ปีนี้	bpee née
next year	ปีหน้า	bpee nâa
last year	ปีที่แล้ว	bpee thêe láew
a year ago	หนึ่งปีก่อน	nèung bpee gòrn
in a year	อีกหนึ่งปี	èek nèung bpee

in two years	อีกสองปี	èek sŏng bpee
the whole year	ทั้งปี	tháng bpee
all year long	ตลอดทั้งปี	dtà-lòrt tháng bpee

every year	ทุกปี	thúk bpee
annual (adj)	รายปี	raai bpee
annually (adv)	ทุกปี	thúk bpee
4 times a year	ปีละสี่ครั้ง	bpee lá sèe khráng

date (e.g., today's ~)	วันที่	wan thêe
date (e.g., ~ of birth)	วันเดือนปี	wan deuan bpee
calendar	ปฏิทิน	bpà-dtì-thin

half a year	ครึ่งปี	khrêung bpee
six months	หกเดือน	hòk deuan
season (summer, etc.)	ฤดูกาล	réu-doo gaan
century	ศตวรรษ	sà-dtà-wát

22. Units of measurement

weight	น้ำหนัก	nám nàk
length	ความยาว	khwaam yaao
width	ความกว้าง	khwaam gwâang
height	ความสูง	khwaam sŏong
depth	ความลึก	khwaam léuk
volume	ปริมาณ	bpà-rí-maan
area	บริเวณ	bor-rí-wayn

gram	กรัม	gram
milligram	มิลลิกรัม	min-lí gram
kilogram	กิโลกรัม	gì-loh gram
ton	ตัน	dtan
pound	ปอนด์	bporn
ounce	ออนซ์	orn

meter	เมตร	máyt
millimeter	มิลลิเมตร	min-lí mâyt
centimeter	เซ็นติเมตร	sen dtì mâyt
kilometer	กิโลเมตร	gì-loh máyt
mile	ไมล์	mai

inch	นิ้ว	níw
foot	ฟุต	fút
yard	หลา	lăa

| square meter | ตารางเมตร | dtaa-raang máyt |
| hectare | เฮกตาร์ | hêek dtaa |

| liter | ลิตร | lít |
| degree | องศา | ong-săa |

volt	โวลต์	wohn
ampere	แอมแปร์	aem-bpae
horsepower	แรงม้า	raeng máa
quantity	จำนวน	jam-nuan
a little bit of ...	นิดหน่อย	nít nói
half	ครึ่ง	khrêung
dozen	โหล	lŏh
piece (item)	สวน	sùan
size	ขนาด	khà-nàat
scale (map ~)	มาตราส่วน	mâat-dtraa sùan
minimal (adj)	น้อยที่สุด	nói thêe sùt
the smallest (adj)	เล็กที่สุด	lék thêe sùt
medium (adj)	กลาง	glaang
maximal (adj)	สูงสุด	sŏong sùt
the largest (adj)	ใหญ่ที่สุด	yài têe sùt

23. Containers

canning jar (glass ~)	ขวดโหล	khùat lŏh
can	กระป๋อง	grà-bpŏrng
bucket	ถัง	thăng
barrel	ถัง	thăng
wash basin (e.g., plastic ~)	กะทะ	gà-thá
tank (100L water ~)	ถังเก็บน้ำ	thăng gèp nám
hip flask	กระติกน้ำ	grà-dtìk nám
jerrycan	ภาชนะ	phaa-chá-ná
tank (e.g., tank car)	ถังบรรจุ	thăng ban-jù
mug	แก้ว	gâew
cup (of coffee, etc.)	ถ้วย	thûay
saucer	จานรอง	jaan rorng
glass (tumbler)	แก้ว	gâew
wine glass	แก้วไวน์	gâew wai
stock pot (soup pot)	หม้อ	môr
bottle (~ of wine)	ขวด	khùat
neck (of the bottle, etc.)	ปาก	bpàak
carafe (decanter)	คนโท	khon-thoh
pitcher	เหยือก	yèuak
vessel (container)	ภาชนะ	phaa-chá-ná
pot (crock, stoneware ~)	หม้อ	môr
vase	แจกัน	jae-gan
flacon, bottle (perfume ~)	กระติก	grà-dtìk
vial, small bottle	ขวดเล็ก	khùat lék

tube (of toothpaste)	หลอด	lòrt
sack (bag)	ถุง	thŭng
bag (paper ~, plastic ~)	ถุง	thŭng
pack (of cigarettes, etc.)	ซอง	sorng
box (e.g., shoebox)	กล่อง	glòrng
crate	ลัง	lang
basket	ตะกร้า	dtà-grâa

HUMAN BEING

Human being. The body

24. Head

head	หัว	hŭa
face	หน้า	nâa
nose	จมูก	jà-mòok
mouth	ปาก	bpàak
eye	ตา	dtaa
eyes	ตา	dtaa
pupil	รูม่านตา	roo mâan dtaa
eyebrow	คิ้ว	khíw
eyelash	ขนตา	khŏn dtaa
eyelid	เปลือกตา	bplèuak dtaa
tongue	ลิ้น	lín
tooth	ฟัน	fan
lips	ริมฝีปาก	rim fĕe bpàak
cheekbones	โหนกแก้ม	nòhk gâem
gum	เหงือก	ngèuak
palate	เพดานปาก	phay-daan bpàak
nostrils	รูจมูก	roo jà-mòok
chin	คาง	khaang
jaw	ขากรรไกร	khăa gan-grai
cheek	แก้ม	gâem
forehead	หน้าผาก	nâa phàak
temple	ขมับ	khà-màp
ear	หู	hŏo
back of the head	หลังศีรษะ	lăng sĕe-sà
neck	คอ	khor
throat	ลำคอ	lam khor
hair	ผม	phŏm
hairstyle	ทรงผม	song phŏm
haircut	ทรงผม	song phŏm
wig	ผมปลอม	phŏm bplorm
mustache	หนวด	nùat
beard	เครา	krao
to have (a beard, etc.)	ลองไว้	lorng wái

braid	ผมเปีย	phǒm bpia
sideburns	จอน	jorn
red-haired (adj)	ผมแดง	phǒm daeng
gray (hair)	ผมหงอก	phǒm ngòrk
bald (adj)	หัวล้าน	hǔa láan
bald patch	หัวล้าน	hǔa láan
ponytail	ผมทรงหางม้า	phǒm song hǎang máa
bangs	ผมม้า	phǒm máa

25. Human body

hand	มือ	meu
arm	แขน	khǎen
finger	นิ้ว	níw
toe	นิ้วเท้า	níw tháo
thumb	นิ้วโป้ง	níw bpôhng
little finger	นิ้วก้อย	níw gôi
nail	เล็บ	lép
fist	กำปั้น	gam bpân
palm	ฝ่ามือ	fàa meu
wrist	ข้อมือ	khôr meu
forearm	แขนช่วงล่าง	khǎen chûang lâang
elbow	ข้อศอก	khôr sòrk
shoulder	ไหล่	lài
leg	ขา	khǎa
foot	เท้า	tháo
knee	หัวเข่า	hǔa khào
calf (part of leg)	น่อง	nôrng
hip	สะโพก	sà-phôhk
heel	ส้นเท้า	sôn tháo
body	ร่างกาย	râang gaai
stomach	ท้อง	thórng
chest	อก	òk
breast	หน้าอก	nâa òk
flank	ข้าง	khâang
back	หลัง	lǎng
lower back	หลังส่วนล่าง	lǎng sùan lâang
waist	เอว	eo
navel (belly button)	สะดือ	sà-deu
buttocks	ก้น	gôn
bottom	ก้น	gôn
beauty mark	ไฝเสน่ห์	fǎi sà-này
birthmark (café au lait spot)	ปาน	bpaan

tattoo	รอยสัก	roi sàk
scar	แผลเป็น	phlăe bpen

Clothing & Accessories

26. Outerwear. Coats

clothes	เสื้อผ้า	sêua phâa
outerwear	เสื้อนอก	sêua nôk
winter clothing	เสื้อกันหนาว	sêua gan năao
coat (overcoat)	เสื้อโค้ท	sêua khóht
fur coat	เสื้อโค้ทขนสัตว์	sêua khóht khŏn sàt
fur jacket	แจ็คเก็ตขนสัตว์	jáek-gèt khŏn sàt
down coat	แจ็คเก็ตกันหนาว	jàek-gèt gan năao
jacket (e.g., leather ~)	แจ็คเก็ต	jáek-gèt
raincoat (trenchcoat, etc.)	เสื้อกันฝน	sêua gan fŏn
waterproof (adj)	ซึ่งกันน้ำได้	sêung gan náam dâai

27. Men's & women's clothing

shirt (button shirt)	เสื้อ	sêua
pants	กางเกง	gaang-gayng
jeans	กางเกงยีนส์	gaang-gayng yeen
suit jacket	แจ็คเก็ตสูท	jàek-gèt sòot
suit	ชุดสูท	chút sòot
dress (frock)	ชุดเดรส	chút draet
skirt	กระโปรง	grà bprohng
blouse	เสื้อ	sêua
knitted jacket (cardigan, etc.)	แจคเก็ตถัก	jáek-gèt thàk
jacket (of woman's suit)	แจ๊คเก็ต	jáek-gèt
T-shirt	เสื้อยืด	sêua yêut
shorts (short trousers)	กางเกงขาสั้น	gaang-gayng khăa sân
tracksuit	ชุดวอร์ม	chút wom
bathrobe	เสื้อคลุมอาบน้ำ	sêua khlum àap náam
pajamas	ชุดนอน	chút norn
sweater	เสื้อไหมพรม	sêua măi phrom
pullover	เสื้อกันหนาวแบบสวม	sêua gan năao bàep sŭam
vest	เสื้อกั๊ก	sêua gák
tailcoat	เสื้อเทลโค้ต	sêua thayn-khóht
tuxedo	ชุดทักซิโด	chút thák sí dôh

uniform	เครื่องแบบ	khrêuang bàep
workwear	ชุดทำงาน	chút tam ngaan
overalls	ชุดเอี๊ยม	chút íam
coat (e.g., doctor's smock)	เสื้อคลุม	sêua khlum

28. Clothing. Underwear

underwear	ชุดชั้นใน	chút chán nai
boxers, briefs	กางเกงในชาย	gaang-gayng nai chaai
panties	กางเกงในสตรี	gaang-gayng nai sàt-dtree
undershirt (A-shirt)	เสื้อชั้นใน	sêua chán nai
socks	ถุงเท้า	thŭng tháo
nightdress	ชุดนอนสตรี	chút norn sàt-dtree
bra	ยกทรง	yók song
knee highs (knee-high socks)	ถุงเท้ายาว	thŭng tháo yaao
pantyhose	ถุงน่องเต็มตัว	thŭng nôrng dtem dtua
stockings (thigh highs)	ถุงน่อง	thŭng nôrng
bathing suit	ชุดว่ายน้ำ	chút wâai náam

29. Headwear

hat	หมวก	mùak
fedora	หมวก	mùak
baseball cap	หมวกเบสบอล	mùak bàyt-bon
flatcap	หมวกติงลี่	mùak dting lêe
beret	หมวกเบเร่ต์	mùak bay-rây
hood	ฮูด	hóot
panama hat	หมวกปานามา	mùak bpaa-naa-maa
knit cap (knitted hat)	หมวกไหมพรม	mùak măi phrom
headscarf	ผ้าโพกศีรษะ	phâa phôhk sĕe-sà
women's hat	หมวกสตรี	mùak sàt-dtree
hard hat	หมวกนิรภัย	mùak ní-rá-phai
garrison cap	หมวกหนีบ	mùak nèep
helmet	หมวกกันน็อค	mùak ní-rá-phai
derby	หมวกกลมทรงสูง	mùak glom song sŏong
top hat	หมวกทรงสูง	mùak song sŏong

30. Footwear

footwear	รองเท้า	rorng tháo
shoes (men's shoes)	รองเท้า	rorng tháo

shoes (women's shoes)	รองเท้า	rorng tháo
boots (e.g., cowboy ~)	รองเท้าบูท	rorng tháo bòot
slippers	รองเท้าแตะในบ้าน	rorng tháo dtàe nai bâan

tennis shoes (e.g., Nike ~)	รองเท้ากีฬา	rorng tháo gee-laa
sneakers (e.g., Converse ~)	รองเทาผ้าใบ	rorng tháo phâa bai
sandals	รองเท้าแตะ	rorng tháo dtàe

cobbler (shoe repairer)	คนซ่อมรองเท้า	khon sôrm rorng tháo
heel	สันรองเทา	sôn rorng tháo
pair (of shoes)	คู่	khôo

shoestring	เชือกรองเท้า	chêuak rorng tháo
to lace (vt)	ผูกเชือกรองเท้า	phòok chêuak rorng tháo
shoehorn	ที่ช้อนรองเท้า	thêe chón rorng tháo
shoe polish	ยาขัดรองเทา	yaa khàt rorng tháo

31. Personal accessories

gloves	ถุงมือ	thŭng meu
mittens	ถุงมือ	thŭng meu
scarf (muffler)	ผ้าพันคอ	phâa phan khor

glasses (eyeglasses)	แว่นตา	wâen dtaa
frame (eyeglass ~)	กรอบแว่น	gròrp wâen
umbrella	ร่ม	rôm
walking stick	ไม้เท้า	máai tháo

| hairbrush | แปรงหวีผม | bpraeng wĕe phŏm |
| fan | พัด | phát |

| tie (necktie) | เนคไท | nâyk-thai |
| bow tie | โบว์หูกระต่าย | boh hŏo grà-dtàai |

| suspenders | สายเอี๊ยม | săai íam |
| handkerchief | ผ้าเช็ดหน้า | phâa chét-nâa |

| comb | หวี | wĕe |
| barrette | ที่หนีบผม | têe nèep phŏm |

| hairpin | กิ๊บ | gíp |
| buckle | หัวเข็มขัด | hŭa khĕm khàt |

| belt | เข็มขัด | khĕm khàt |
| shoulder strap | สายกระเป๋า | săai grà-bpăo |

bag (handbag)	กระเป๋า	grà-bpăo
purse	กระเป๋าถือ	grà-bpăo thĕu
backpack	กระเป๋าสะพายหลัง	grà-bpăo sà-phaai lăng

32. Clothing. Miscellaneous

fashion	แฟชั่น	fae-chân
in vogue (adj)	คานิยม	khâa ní-yom
fashion designer	นักออกแบบแฟชั่น	nák òrk bàep fae-chân

collar	คอปกเสื้อ	khor bpòk sêua
pocket	กระเป๋า	grà-bpăo
pocket (as adj)	กระเป๋า	grà-bpăo
sleeve	แขนเสื้อ	khăen sêua
hanging loop	ที่แขวนเสื้อ	thêe khwăen sêua
fly (on trousers)	ซิปกางเกง	síp gaang-gayng

zipper (fastener)	ซิป	síp
fastener	ซิป	síp
button	กระดุม	grà dum
buttonhole	รูกระดุม	roo grà dum
to come off (ab. button)	หลุดออก	lùt òrk

to sew (vi, vt)	เย็บ	yép
to embroider (vi, vt)	ปัก	bpàk
embroidery	ลายปัก	laai bpàk
sewing needle	เข็มเย็บผ้า	khěm yép phâa
thread	เสนดาย	sây-dâai
seam	รอยเย็บ	roi yép

to get dirty (vi)	สกปรก	sòk-gà-bpròk
stain (mark, spot)	รอยเปื้อน	roi bpêuan
to crease, crumple (vi)	พับเป็นรอยยน	pháp bpen roi yôn
to tear, to rip (vt)	ฉีก	chèek
clothes moth	แมลงกินผ้า	má-laeng gin phâa

33. Personal care. Cosmetics

toothpaste	ยาสีฟัน	yaa sěe fan
toothbrush	แปรงสีฟัน	bpraeng sěe fan
to brush one's teeth	แปรงฟัน	bpraeng fan

razor	มีดโกน	mêet gohn
shaving cream	ครีมโกนหนวด	khreem gohn nùat
to shave (vi)	โกน	gohn

| soap | สบู่ | sà-bòo |
| shampoo | แชมพู | chaem-phoo |

scissors	กรรไกร	gan-grai
nail file	ตะไบเล็บ	dtà-bai lép
nail clippers	กรรไกรตัดเล็บ	gan-grai dtàt lép
tweezers	แหนบ	nàep

cosmetics	เครื่องสำอาง	khrêuang sǎm-aang
face mask	มาสก์หน้า	mâak nâa
manicure	การแต่งเล็บ	gaan dtàeng lép
to have a manicure	แต่งเล็บ	dtàeng lép
pedicure	การแต่งเล็บเท้า	gaan dtàeng lép táo
make-up bag	กระเป๋าเครื่องสำอาง	grà-bpǎo khrêuang sǎm-aang
face powder	แป้งฝุ่น	bpâeng-fùn
powder compact	ตลับแป้ง	dtà-làp bpâeng
blusher	แป้งทาแก้ม	bpâeng thaa gâem
perfume (bottled)	น้ำหอม	nám hǒrm
toilet water (lotion)	น้ำหอมอ่อนๆ	náam hǒrm òn òn
lotion	โลชั่น	loh-chân
cologne	โคโลญจ์	khoh-lohn
eyeshadow	อายแชโดว์	aai-chae-doh
eyeliner	อายไลเนอร์	aai lai-ner
mascara	มาสคารา	mâat-khaa-râa
lipstick	ลิปสติก	líp-sà-dtìk
nail polish, enamel	น้ำยาทาเล็บ	nám yaa-thaa lép
hair spray	สเปรย์ฉีดผม	sà-bpray chèet phǒm
deodorant	ยาดับกลิ่น	yaa dàp glìn
cream	ครีม	khreem
face cream	ครีมทาหน้า	khreem thaa nâa
hand cream	ครีมทามือ	khreem thaa meu
anti-wrinkle cream	ครีมลดริ้วรอย	khreem lót ríw roi
day cream	ครีมกลางวัน	khreem klaang wan
night cream	ครีมกลางคืน	khreem klaang kheun
day (as adj)	กลางวัน	glaang wan
night (as adj)	กลางคืน	glaang kheun
tampon	ผ้าอนามัยแบบสอด	phâa a-naa-mai bàep sòrt
toilet paper (toilet roll)	กระดาษชำระ	grà-dàat cham-rá
hair dryer	เครื่องเป่าผม	khrêuang bpào phǒm

34. Watches. Clocks

watch (wristwatch)	นาฬิกา	naa-lí-gaa
dial	หน้าปัด	nâa bpàt
hand (of clock, watch)	เข็ม	khěm
metal watch band	สายนาฬิกาข้อมือ	sǎai naa-lí-gaa khôr meu
watch strap	สายรัดข้อมือ	sǎai rát khôr meu
battery	แบตเตอรี่	bàet-dter-rêe
to be dead (battery)	หมด	mòt
to change a battery	เปลี่ยนแบตเตอรี่	bplìan bàet-dter-rêe

to run fast	เดินเร็วเกินไป	dern reo gern bpai
to run slow	เดินช้า	dern cháa
wall clock	นาฬิกา	naa-lí-gaa
	แขวนผนัง	khwăen phà-năng
hourglass	นาฬิกาทราย	naa-lí-gaa saai
sundial	นาฬิกาแดด	naa-lí-gaa dàet
alarm clock	นาฬิกาปลุก	naa-lí-gaa bplùk
watchmaker	ช่างซ่อมนาฬิกา	châang sôrm naa-lí-gaa
to repair (vt)	ซ่อม	sôrm

Food. Nutricion

35. Food

meat	เนื้อ	néua
chicken	ไก่	gài
Rock Cornish hen (poussin)	เนื้อลูกไก่	néua lôok gài
duck	เป็ด	bpèt
goose	ห่าน	hàan
game	สัตว์ที่ล่า	sàt thêe lâa
turkey	ไก่งวง	gài nguang
pork	เนื้อหมู	néua mǒo
veal	เนื้อลูกวัว	néua lôok wua
lamb	เนื้อแกะ	néua gàe
beef	เนื้อวัว	néua wua
rabbit	เนื้อกระต่าย	néua grà-dtàai
sausage (bologna, etc.)	ไส้กรอก	sâi gròrk
vienna sausage (frankfurter)	ไส้กรอกเวียนนา	sâi gròrk wian-naa
bacon	หมูเบคอน	mǒo bay-khorn
ham	แฮม	haem
gammon	แฮมแกมมอน	haem gaem-morn
pâté	ปาเต	bpaa dtay
liver	ตับ	dtàp
hamburger (ground beef)	เนื้อสับ	néua sàp
tongue	ลิ้น	lín
egg	ไข่	khài
eggs	ไข่	khài
egg white	ไข่ขาว	khài khǎao
egg yolk	ไขแดง	khài daeng
fish	ปลา	bplaa
seafood	อาหารทะเล	aa hǎan thá-lay
crustaceans	สัตว์พวกกุ้งกั้งปู	sàt phûak gûng gâng bpoo
caviar	ไขปลา	khài-bplaa
crab	ปู	bpoo
shrimp	กุ้ง	gûng
oyster	หอยนางรม	hǒi naang rom
spiny lobster	กุ้งมังกร	gûng mang-gon
octopus	ปลาหมึก	bplaa mèuk

squid	ปลาหมึกกล้วย	bplaa mèuk-glûay
sturgeon	ปลาสเตอรเจียน	bpláa sà-dtêr jian
salmon	ปลาแซลมอน	bplaa saen-morn
halibut	ปลาตาเดียว	bplaa dtaa-dieow
cod	ปลาค็อด	bplaa khót
mackerel	ปลาแม็คเคอเร็ล	bplaa máek-kay-a-rěn
tuna	ปลาทูนา	bplaa thoo-nâa
eel	ปลาไหล	bplaa lǎi
trout	ปลาเทราท์	bplaa thrau
sardine	ปลาซาร์ดีน	bplaa saa-deen
pike	ปลาไพค์	bplaa phai
herring	ปลาเฮอรริง	bplaa her-ring
bread	ขนมปัง	khà-nǒm bpang
cheese	เนยแข็ง	noie khǎeng
sugar	น้ำตาล	nám dtaan
salt	เกลือ	gleua
rice	ข้าว	khâao
pasta (macaroni)	พาสต้า	phâat-dtâa
noodles	กวยเตี๋ยว	gǔay-dtǐeow
butter	เนย	noie
vegetable oil	น้ำมันพืช	nám man phêut
sunflower oil	น้ำมันดอก ทานตะวัน	nám man dòrk thaan dtà-wan
margarine	เนยเทียม	noie thiam
olives	มะกอก	má-gòrk
olive oil	น้ำมันมะกอก	nám man má-gòrk
milk	นม	nom
condensed milk	นมข้น	nom khôn
yogurt	โยเกิรต	yoh-gèrt
sour cream	ซาวร์ครีม	saao khreem
cream (of milk)	ครีม	khreem
mayonnaise	มายองเนส	maa-yorng-nâyt
buttercream	สวนผสมของเนย และน้ำตาล	sùan phà-sǒm khǒrng noie láe nám dtaan
groats (barley ~, etc.)	เมล็ดธัญพืช	má-lét than-yá-phêut
flour	แป้ง	bpâeng
canned food	อาหารกระป๋อง	aa-hǎan grà-bpǒrng
cornflakes	คอร์นเฟลค	khorn-flâyk
honey	น้ำผึ้ง	nám phêung
jam	แยม	yaem
chewing gum	หมากฝรั่ง	màak fà-ràng

36. Drinks

water	น้ำ	nám
drinking water	น้ำดื่ม	nám dèum
mineral water	น้ำแร่	nám râe
still (adj)	ไม่มีฟอง	mâi mee forng
carbonated (adj)	น้ำอัดลม	nám àt lom
sparkling (adj)	มีฟอง	mee forng
ice	น้ำแข็ง	nám khǎeng
with ice	ใส่น้ำแข็ง	sài nám khǎeng
non-alcoholic (adj)	ไม่มีแอลกอฮอล์	mâi mee aen-gor-hor
soft drink	เครื่องดื่มที่ไม่มีแอลกอฮอล์	krêuang dèum têe mâi mee aen-gor-hor
refreshing drink	เครื่องดื่มให้ความสดชื่น	khrêuang dèum hâi khwaam sòt chêun
lemonade	น้ำเลมอนเนด	nám lay-morn-nâyt
liquors	เหล้า	lǎu
wine	ไวน์	wai
white wine	ไวน์ขาว	wai khǎao
red wine	ไวน์แดง	wai daeng
liqueur	สุรา	sù-raa
champagne	แชมเปญ	chaem-bpayn
vermouth	เหล้าองุ่นขาวซึ่งมีกลิ่นหอม	lâo a-ngùn khǎao sêung mee glìn hǒrm
whiskey	เหล้าวิสกี้	lǎu wít-sa-gêe
vodka	เหล้าวอดก้า	lǎu wórt-gâa
gin	เหล้ายิน	lǎu yin
cognac	เหล้าคอนยัก	lǎu khorn yák
rum	เหล้ารัม	lǎu ram
coffee	กาแฟ	gaa-fae
black coffee	กาแฟดำ	gaa-fae dam
coffee with milk	กาแฟใส่นม	gaa-fae sài nom
cappuccino	กาแฟคาปูชิโน	gaa-fae khaa bpoo chí noh
instant coffee	กาแฟสำเร็จรูป	gaa-fae sǎm-rèt rôop
milk	นม	nom
cocktail	ค็อกเทล	khók-tayn
milkshake	มิลค์เชค	min-châyk
juice	น้ำผลไม้	nám phǒn-lá-máai
tomato juice	น้ำมะเขือเทศ	nám má-khěua thâyt
orange juice	น้ำส้ม	nám sôm
freshly squeezed juice	น้ำผลไม้คั้นสด	nám phǒn-lá-máai khán sòt
beer	เบียร์	bia

light beer	เบียร์ไลท์	bia lai
dark beer	เบียร์ดาร์ค	bia dàak
tea	ชา	chaa
black tea	ชาดำ	chaa dam
green tea	ชาเขียว	chaa khǐeow

37. Vegetables

vegetables	ผัก	phàk
greens	ผักใบเขียว	phàk bai khǐeow
tomato	มะเขือเทศ	má-khěua thâyt
cucumber	แตงกวา	dtaeng-gwaa
carrot	แครอท	khae-rót
potato	มันฝรั่ง	man fà-ràng
onion	หัวหอม	hǔa hǒrm
garlic	กระเทียม	grà-thiam
cabbage	กะหล่ำปลี	gà-làm bplee
cauliflower	ดอกกะหล่ำ	dòrk gà-làm
Brussels sprouts	กะหล่ำดาว	gà-làm-daao
broccoli	บร็อคโคลี่	bròrk-khoh-lêe
beet	บีทรูท	bee-trôot
eggplant	มะเขือยาว	má-khěua-yaao
zucchini	แตงซูคินี	dtaeng soo-khí-nee
pumpkin	ฟักทอง	fák-thorng
turnip	หัวผักกาด	hǔa-phàk-gàat
parsley	ผักชีฝรั่ง	phàk chee fà-ràng
dill	ผักชีลาว	phàk-chee-laao
lettuce	ผักกาดหอม	phàk gàat hǒrm
celery	คื่นช่าย	khêun-châai
asparagus	หน่อไม้ฝรั่ง	nòr máai fà-ràng
spinach	ผักขม	phàk khǒm
pea	ถั่วลันเตา	thùa-lan-dtao
beans	ถั่ว	thùa
corn (maize)	ข้าวโพด	khâao-phôht
kidney bean	ถั่วรูปไต	thùa rôop dtai
bell pepper	พริกหยวก	phrík-yùak
radish	หัวไชเท้า	hǔa chai tháo
artichoke	อาร์ติโชค	aa dtì chôhk

38. Fruits. Nuts

fruit	ผลไม้	phǒn-lá-máai
apple	แอปเปิ้ล	àep-bpêrn

pear	แพร์	phae
lemon	มะนาว	má-naao
orange	ส้ม	sôm
strawberry (garden ~)	สตรอว์เบอร์รี่	sà-dtror-ber-rêe

mandarin	ส้มแมนดาริน	sôm maen daa rin
plum	พลั้ม	phlam
peach	ลูกท้อ	lôok thór
apricot	แอปริคอท	ae-bprì-khôrt
raspberry	ราสเบอร์รี่	râat-ber-rêe
pineapple	สับปะรด	sàp-bpà-rót

banana	กล้วย	glûay
watermelon	แตงโม	dtaeng moh
grape	องุ่น	a-ngùn
sour cherry	เชอร์รี่	cher-rêe
sweet cherry	เชอร์รี่ป่า	cher-rêe bpàa
melon	เมลอน	may-lorn

grapefruit	ส้มโอ	sôm oh
avocado	อะโวคาโด	a-who-khaa-doh
papaya	มะละกอ	má-lá-gor
mango	มะม่วง	má-mûang
pomegranate	ทับทิม	tháp-thim

redcurrant	เรดเคอร์แรนท์	râyt-khêr-raen
blackcurrant	แบล็คเคอร์แรนท์	blàek khêr-raen
gooseberry	กูสเบอร์รี่	gòot-ber-rêe
bilberry	บิลเบอร์รี่	bil-ber-rêe
blackberry	แบล็คเบอร์รี่	blàek ber-rêe

raisin	ลูกเกด	lôok gàyt
fig	มะเดื่อฝรั่ง	má dèua fà-ràng
date	ลูกอินทผลัม	lôok in-thá-plǎm

peanut	ถั่วลิสง	thùa-lí-sǒng
almond	อัลมอนด์	an-morn
walnut	วอลนัต	wor-lá-nát
hazelnut	เฮเซลนัท	hay sayn nát
coconut	มะพร้าว	má-phráao
pistachios	ถั่วพิสตาชิโอ	thùa phít dtaa chí oh

39. Bread. Candy

bakers' confectionery (pastry)	ขนม	khà-nǒm
bread	ขนมปัง	khà-nǒm bpang
cookies	คุกกี้	khúk-gêe
chocolate (n)	ช็อกโกแลต	chók-goh-láet
chocolate (as adj)	ช็อกโกแลต	chók-goh-láet

candy (wrapped)	ลูกกวาด	lôok gwàat
cake (e.g., cupcake)	ขนมเค้ก	khà-nǒm kháyk
cake (e.g., birthday ~)	ขนมเค้ก	khà-nǒm kháyk
pie (e.g., apple ~)	ขนมพาย	khà-nǒm phaai
filling (for cake, pie)	ไส้ในขนม	sâi nai khà-nǒm
jam (whole fruit jam)	แยม	yaem
marmalade	แยมผิวส้ม	yaem phǐw sôm
wafers	วาฟเฟิล	waaf-fern
ice-cream	ไอศกรีม	ai-sà-greem
pudding	พุดดิ้ง	phút-dîng

40. Cooked dishes

course, dish	มื้ออาหาร	méu aa-hǎan
cuisine	อาหาร	aa-hǎan
recipe	ตำราอาหาร	dtam-raa aa-hǎan
portion	ส่วน	sùan
salad	สลัด	sà-làt
soup	ซุป	súp
clear soup (broth)	ซุปน้ำใส	súp nám-sǎi
sandwich (bread)	แซนด์วิช	saen-wít
fried eggs	ไข่ทอด	khài thôrt
hamburger (beefburger)	แฮมเบอร์เกอร์	haem-ber-gêr
beefsteak	สเต็กเนื้อ	sà-dtèk néua
side dish	เครื่องเคียง	khrêuang khiang
spaghetti	สปาเก็ตตี้	sà-bpaa-gèt-dtêe
mashed potatoes	มันฝรั่งบด	man fà-ràng bòt
pizza	พิซซ่า	phít-sâa
porridge (oatmeal, etc.)	ข้าวต้ม	khâao-dtôm
omelet	ไข่เจียว	khài jieow
boiled (e.g., ~ beef)	ต้ม	dtôm
smoked (adj)	รมควัน	rom khwan
fried (adj)	ทอด	thôrt
dried (adj)	ตากแห้ง	dtàak hâeng
frozen (adj)	แช่แข็ง	châe khǎeng
pickled (adj)	ดอง	dorng
sweet (sugary)	หวาน	wǎan
salty (adj)	เค็ม	khem
cold (adj)	เย็น	yen
hot (adj)	ร้อน	rórn
bitter (adj)	ขม	khǒm
tasty (adj)	อร่อย	à-ròi

to cook in boiling water	ต้ม	dtôm
to cook (dinner)	ทำอาหาร	tham aa-hăan
to fry (vt)	ทอด	thôrt
to heat up (food)	อุ่น	ùn
to salt (vt)	ใส่เกลือ	sài gleua
to pepper (vt)	ใสพริกไทย	sài phrík thai
to grate (vt)	ขูด	khòot
peel (n)	เปลือก	bplèuak
to peel (vt)	ปอกเปลือก	bpòrk bplêuak

41. Spices

salt	เกลือ	gleua
salty (adj)	เค็ม	khem
to salt (vt)	ใสเกลือ	sài gleua
black pepper	พริกไทย	phrík thai
red pepper (milled ~)	พริกแดง	phrík daeng
mustard	มัสตาร์ด	mát-dtàat
horseradish	ฮอสแรดิช	hórt rae dìt
condiment	เครื่องปรุงรส	khrêuang bprung rót
spice	เครื่องเทศ	khrêuang thâyt
sauce	ซอส	sós
vinegar	น้ำสมสายชู	nám sôm săai choo
anise	เทียนสัตตบุษย์	thian-sàt-dtà-bùt
basil	ใบโหระพา	bai hŏh rá phaa
cloves	กานพลู	gaan-phloo
ginger	ขิง	khĭng
coriander	ผักชีลา	pàk-chee-laa
cinnamon	อบเชย	òp-choie
sesame	งา	ngaa
bay leaf	ใบกระวาน	bai grà-waan
paprika	พริกป่น	phrík bpòn
caraway	เทียนตากบ	thian dtaa gòp
saffron	หญ้าฝรั่น	yâa fà-ràn

42. Meals

food	อาหาร	aa-hăan
to eat (vi, vt)	กิน	gin
breakfast	อาหารเช้า	aa-hăan cháo
to have breakfast	ทานอาหารเช้า	thaan aa-hăan cháo

lunch	ข้าวเที่ยง	khâao thîang
to have lunch	ทานอาหารเที่ยง	thaan aa-hăan thîang
dinner	อาหารเย็น	aa-hăan yen
to have dinner	ทานอาหารเย็น	thaan aa-hăan yen
appetite	ความอยากอาหาร	kwaam yàak aa hăan
Enjoy your meal!	กินให้อร่อย!	gin hâi a-ròi
to open (~ a bottle)	เปิด	bpèrt
to spill (liquid)	ทำหก	tham hòk
to spill out (vi)	ทำหกออกมา	tham hòk òrk maa
to boil (vi)	ต้ม	dtôm
to boil (vt)	ต้ม	dtôm
boiled (~ water)	ต้ม	dtôm
to chill, cool down (vt)	แช่เย็น	châe yen
to chill (vi)	แช่เย็น	châe yen
taste, flavor	รสชาติ	rót châat
aftertaste	รส	rót
to slim down (lose weight)	ลดน้ำหนัก	lót nám nàk
diet	อาหารพิเศษ	aa-hăan phí-sàyt
vitamin	วิตามิน	wí-dtaa-min
calorie	แคลอรี่	khae-lor-rêe
vegetarian (n)	คนกินเจ	khon gin jay
vegetarian (adj)	มังสวิรัติ	mang-sà-wí-rát
fats (nutrient)	ไขมัน	khăi man
proteins	โปรตีน	bproh-dteen
carbohydrates	คาร์โบไฮเดรต	kaa-boh-hai-dràyt
slice (of lemon, ham)	แผ่น	phàen
piece (of cake, pie)	ชิ้น	chín
crumb (of bread, cake, etc.)	เศษ	sàyt

43. Table setting

spoon	ช้อน	chórn
knife	มีด	mêet
fork	ส้อม	sôrm
cup (e.g., coffee ~)	แก้ว	gâew
plate (dinner ~)	จาน	jaan
saucer	จานรอง	jaan rorng
napkin (on table)	ผ้าเช็ดปาก	phâa chét bpàak
toothpick	ไม้จิ้มฟัน	máai jîm fan

44. Restaurant

restaurant	ร้านอาหาร	ráan aa-hăan
coffee house	ร้านกาแฟ	ráan gaa-fae
pub, bar	ร้านเหล้า	ráan lâo
tearoom	ร้านน้ำชา	ráan nám chaa
waiter	คนเสิร์ฟชาย	khon sèrf chaai
waitress	คนเสิร์ฟหญิง	khon sèrf yĭng
bartender	บาร์เทนเดอร์	baa-thayn-dêr
menu	เมนู	may-noo
wine list	รายการไวน์	raai gaan wai
to book a table	จองโต๊ะ	jorng dtó
course, dish	มื้ออาหาร	méu aa-hăan
to order (meal)	สั่ง	sàng
to make an order	สั่งอาหาร	sàng aa-hăan
aperitif	เครื่องดื่มเหล้าก่อนอาหาร	khrêuang dèum lâo gòrn aa-hăan
appetizer	ของกินเล่น	khŏrng gin lâyn
dessert	ของหวาน	khŏrng wăn
check	คิดเงิน	khít ngern
to pay the check	จ่ายค่าอาหาร	jàai khâa aa hăan
to give change	ให้เงินทอน	hâi ngern thorn
tip	เงินทิป	ngern thíp

Family, relatives and friends

45. Personal information. Forms

name (first name)	ชื่อ	chêu
surname (last name)	นามสกุล	naam sà-gun
date of birth	วันเกิด	wan gèrt
place of birth	สถานที่เกิด	sà-thăan thêe gèrt
nationality	สัญชาติ	săn-châat
place of residence	ที่อยู่อาศัย	thêe yòo aa-săi
country	ประเทศ	bprà-thâyt
profession (occupation)	อาชีพ	aa-chêep
gender, sex	เพศ	phâyt
height	ความสูง	khwaam sŏong
weight	น้ำหนัก	nám nàk

46. Family members. Relatives

mother	มารดา	maan-daa
father	บิดา	bì-daa
son	ลูกชาย	lôok chaai
daughter	ลูกสาว	lôok săao
younger daughter	ลูกสาวคนเล็ก	lôok săao khon lék
younger son	ลูกชายคนเล็ก	lôok chaai khon lék
eldest daughter	ลูกสาวคนโต	lôok săao khon dtoh
eldest son	ลูกชายคนโต	lôok chaai khon dtoh
elder brother	พี่ชาย	phêe chaai
younger brother	น้องชาย	nórng chaai
elder sister	พี่สาว	phêe săao
younger sister	น้องสาว	nórng săao
cousin (masc.)	ลูกพี่ลูกน้อง	lôok phêe lôok nórng
cousin (fem.)	ลูกพี่ลูกน้อง	lôok phêe lôok nórng
mom, mommy	แม่	mâe
dad, daddy	พ่อ	phôr
parents	พ่อแม่	phôr mâe
child	เด็ก, ลูก	dèk, lôok
children	เด็กๆ	dèk dèk
grandmother	ย่า, ยาย	yâa, yaai

grandfather	ปู่, ตา	bpòo, dtaa
grandson	หลานชาย	lăan chaai
granddaughter	หลานสาว	lăan săao
grandchildren	หลานๆ	lăan
uncle	ลุง	lung
aunt	ป้า	bpâa
nephew	หลานชาย	lăan chaai
niece	หลานสาว	lăan săao
mother-in-law (wife's mother)	แม่ยาย	mâe yaai
father-in-law (husband's father)	พ่อสามี	phôr săa-mee
son-in-law (daughter's husband)	ลูกเขย	lôok khŏie
stepmother	แม่เลี้ยง	mâe líang
stepfather	พ่อเลี้ยง	phôr líang
infant	ทารก	thaa-rók
baby (infant)	เด็กเล็ก	dèk lék
little boy, kid	เด็ก	dèk
wife	ภรรยา	phan-rá-yaa
husband	สามี	săa-mee
spouse (husband)	สามี	săa-mee
spouse (wife)	ภรรยา	phan-rá-yaa
married (masc.)	แต่งงานแล้ว	dtàeng ngaan láew
married (fem.)	แต่งงานแล้ว	dtàeng ngaan láew
single (unmarried)	เป็นโสด	bpen sòht
bachelor	ชายโสด	chaai sòht
divorced (masc.)	หย่าแล้ว	yàa láew
widow	แม่หม้าย	mâe mâai
widower	พ่อหม้าย	phôr mâai
relative	ญาติ	yâat
close relative	ญาติใกล้ชิด	yâat glâi chít
distant relative	ญาติห่างๆ	yâat hàang hàang
relatives	ญาติๆ	yâat
orphan (boy)	เด็กชายกำพร้า	dèk chaai gam phráa
orphan (girl)	เด็กหญิงกำพรา	dèk yĭng gam phráa
guardian (of a minor)	ผู้ปกครอง	phôo bpòk khrorng
to adopt (a boy)	บุญธรรม	bun tham
to adopt (a girl)	บุญธรรม	bun tham

Medicine

47. Diseases

sickness	โรค	rôhk
to be sick	ป่วย	bpùay
health	สุขภาพ	sùk-khà-phâap
runny nose (coryza)	น้ำมูกไหล	nám môok lăi
tonsillitis	ตอมทอนซิลอักเสบ	dtòm thorn-sin àk-sàyp
cold (illness)	หวัด	wàt
to catch a cold	เป็นหวัด	bpen wàt
bronchitis	โรคหลอดลมอักเสบ	rôhk lòrt lom àk-sàyp
pneumonia	โรคปอดบวม	rôhk bpòrt-buam
flu, influenza	ไข้หวัดใหญ่	khâi wàt yài
nearsighted (adj)	สายตาสั้น	săai dtaa sân
farsighted (adj)	สายตายาว	săai dtaa yaao
strabismus (crossed eyes)	ตาเหล่	dtaa lày
cross-eyed (adj)	เป็นตาเหล่	bpen dtaa kăy rĕu lày
cataract	ต้อกระจก	dtôr grà-jòk
glaucoma	ต้อหิน	dtôr hĭn
stroke	โรคหลอดเลือดสมอง	rôhk lòrt lêuat sà-mŏrng
heart attack	อาการหัวใจวาย	aa-gaan hŭa jai waai
myocardial infarction	กล้ามเนื้อหัวใจตายเหตุขาดเลือด	glâam néua hŭa jai dtaai hàyt khàat lêuat
paralysis	อัมพาต	am-má-phâat
to paralyze (vt)	ทำให้เป็นอัมพาต	tham hâi bpen am-má-phâat
allergy	ภูมิแพ้	phoom pháe
asthma	โรคหืด	rôhk hèut
diabetes	โรคเบาหวาน	rôhk bao wăan
toothache	อาการปวดฟัน	aa-gaan bpùat fan
caries	ฟันผุ	fan phù
diarrhea	อาการท้องเสีย	aa-gaan thórng sĭa
constipation	อาการท้องผูก	aa-gaan thórng phòok
stomach upset	อาการปวดท้อง	aa-gaan bpùat thórng
food poisoning	ภาวะอาหารเป็นพิษ	phaa-wá aa hăan bpen pít
to get food poisoning	กินอาหารเป็นพิษ	gin aa hăan bpen phít
arthritis	โรคข้ออักเสบ	rôhk khôr àk-sàyp
rickets	โรคกระดูกอ่อน	rôhk grà-dòok òrn

rheumatism	โรครูมาติก	rôhk roo-maa-dtìk
atherosclerosis	ภาวะหลอดเลือดแข็ง	phaa-wá lòrt lêuat khăeng
gastritis	โรคกระเพาะอาหาร	rôhk grà-phór aa-hăan
appendicitis	ไส้ติ่งอักเสบ	sâi dtìng àk-sàyp
cholecystitis	โรคถุงน้ำดีอักเสบ	rôhk thŭng nám dee àk-sàyp
ulcer	แผลเปื่อย	phlăe bpèuay

measles	โรคหัด	rôhk hàt
rubella (German measles)	โรคหัดเยอรมัน	rôhk hàt yer-rá-man
jaundice	โรคดีซ่าน	rôhk dee sâan
hepatitis	โรคตับอักเสบ	rôhk dtàp àk-sàyp

schizophrenia	โรคจิตเภท	rôhk jìt-dtà-phâyt
rabies (hydrophobia)	โรคพิษสุนัขบ้า	rôhk phít sù-nák bâa
neurosis	โรคประสาท	rôhk bprà-sàat
concussion	สมองกระทบกระเทือน	sà-mŏrng grà-thóp grà-theuan

cancer	มะเร็ง	má-reng
sclerosis	การแข็งตัวของเนื้อเยื่อร่างกาย	gaan kăeng dtua kŏng néua yêua râang gaai
multiple sclerosis	โรคปลอกประสาทเสื่อมแข็ง	rôhk bplòk bprà-sàat sèuam kăeng

alcoholism	โรคพิษสุราเรื้อรัง	rôhk phít sù-raa réua rang
alcoholic (n)	คนขี้เหล้า	khon khêe lâo
syphilis	โรคซิฟิลิส	rôhk sí-fí-lít
AIDS	โรคเอดส์	rôhk àyt

tumor	เนื้องอก	néua ngôk
malignant (adj)	ร้าย	ráai
benign (adj)	ไม่ร้าย	mâi ráai

fever	ไข้	khâi
malaria	ไข้มาลาเรีย	kâi maa-laa-ria
gangrene	เนื้อตายเน่า	néua dtaai nâo
seasickness	ภาวะเมาคลื่น	phaa-wá mao khlêun
epilepsy	โรคลมบ้าหมู	rôhk lom bâa-mŏo

epidemic	โรคระบาด	rôhk rá-bàat
typhus	โรครากสาดใหญ่	rôhk râak-sàat yài
tuberculosis	วัณโรค	wan-ná-rôhk
cholera	อหิวาตกโรค	a-hì-wâat-gà-rôhk
plague (bubonic ~)	กาฬโรค	gaan-lá-rôhk

48. Symptoms. Treatments. Part 1

symptom	อาการ	aa-gaan
temperature	อุณหภูมิ	un-hà-phoom

high temperature (fever)	อุณหภูมิสูง	un-hà-phoom sŏong
pulse (heartbeat)	ชีพจร	chêep-phá-jon

dizziness (vertigo)	อาการเวียนหัว	aa-gaan wian hŭa
hot (adj)	ร้อน	rórn
shivering	หนาวสั่น	năao sàn
pale (e.g., ~ face)	หน้าเซียว	nâa sieow

cough	การไอ	gaan ai
to cough (vi)	ไอ	ai
to sneeze (vi)	จาม	jaam
faint	การเป็นลม	gaan bpen lom
to faint (vi)	เป็นลม	bpen lom

bruise (hématome)	ฟกช้ำ	fók chám
bump (lump)	บวม	buam
to bang (bump)	ชน	chon
contusion (bruise)	รอยฟกช้ำ	roi fók chám
to get a bruise	ได้รอยช้ำ	dâai roi chám

to limp (vi)	กะโผลกกะเผลก	gà-phlòhk-gà-phlàyk
dislocation	ข้อหลุด	khôr lùt
to dislocate (vt)	ทำข้อหลุด	tham khôr lùt
fracture	กระดูกหัก	grà-dòok hàk
to have a fracture	หักกระดูก	hàk grà-dòok

cut (e.g., paper ~)	รอยบาด	roi bàat
to cut oneself	ทำบาด	tham bàat
bleeding	การเลือดไหล	gaan lêuat lăi

burn (injury)	แผลไฟไหม้	phlăe fai mâi
to get burned	ได้รับแผลไฟไหม้	dâai ráp phlăe fai mâi

to prick (vt)	ตำ	dtam
to prick oneself	ตำตัวเอง	dtam dtua ayng
to injure (vt)	ทำให้บาดเจ็บ	tham hâi bàat jèp
injury	การบาดเจ็บ	gaan bàat jèp
wound	แผล	phlăe
trauma	แผลบาดเจ็บ	phlăe bàat jèp

to be delirious	คลุ้มคลั่ง	khlúm khlâng
to stutter (vi)	พูดตะกุกตะกัก	phôot dtà-gùk-dtà-gàk
sunstroke	โรคลมแดด	rôhk lom dàet

49. Symptoms. Treatments. Part 2

pain, ache	ความเจ็บปวด	khwaam jèp bpùat
splinter (in foot, etc.)	เสี้ยน	sîan
sweat (perspiration)	เหงื่อ	ngèua
to sweat (perspire)	เหงื่อออก	ngèua òrk

vomiting	การอาเจียน	gaan aa-jian
convulsions	การชัก	gaan chák
pregnant (adj)	ตั้งครรภ์	dtâng khan
to be born	เกิด	gèrt
delivery, labor	การคลอด	gaan khlôrt
to deliver (~ a baby)	คลอดบุตร	khlôrt bùt
abortion	การแทงบุตร	gaan tháeng bùt
breathing, respiration	การหายใจ	gaan hăai-jai
in-breath (inhalation)	การหายใจเข้า	gaan hăai-jai khâo
out-breath (exhalation)	การหายใจออก	gaan hăai-jai òrk
to exhale (breathe out)	หายใจออก	hăai-jai òrk
to inhale (vi)	หายใจเข้า	hăai-jai khâo
disabled person	คนพิการ	khon phí-gaan
cripple	พิการ	phí-gaan
drug addict	ผู้ติดยาเสพติด	phôo dtìt yaa-sàyp-dtìt
deaf (adj)	หูหนวก	hŏo nùak
mute (adj)	เป็นใบ้	bpen bâi
deaf mute (adj)	หูหนวกเป็นใบ้	hŏo nùak bpen bâi
mad, insane (adj)	บ้า	bâa
madman (demented person)	คนบ้า	khon bâa
madwoman	คนบ้า	khon bâa
to go insane	เสียสติ	sĭa sà-dtì
gene	ยีน	yeun
immunity	ภูมิคุ้มกัน	phoom khúm gan
hereditary (adj)	เป็นกรรมพันธุ์	bpen gam-má-phan
congenital (adj)	แต่กำเนิด	dtàe gam-nèrt
virus	เชื้อไวรัส	chéua wai-rát
microbe	จุลินทรีย์	jù-lin-see
bacterium	แบคทีเรีย	bàek-tee-ria
infection	การติดเชื้อ	gaan dtìt chéua

50. Symptoms. Treatments. Part 3

hospital	โรงพยาบาล	rohng phá-yaa-baan
patient	ผู้ป่วย	phôo bpùay
diagnosis	การวินิจฉัยโรค	gaan wí-nít-chăi rôhk
cure	การรักษา	gaan rák-săa
medical treatment	การรักษาทางการแพทย์	gaan rák-săa thaang gaan phâet
to get treatment	รับการรักษา	ráp gaan rák-săa
to treat (~ a patient)	รักษา	rák-săa

to nurse (look after)	รักษา	rák-sǎa
care (nursing ~)	การดูแลรักษา	gaan doo lae rák-sǎa
operation, surgery	การผ่าตัด	gaan phàa dtàt
to bandage (head, limb)	พันแผล	phan phlǎe
bandaging	การพันแผล	gaan phan phlǎe
vaccination	การฉีดวัคซีน	gaan chèet wák-seen
to vaccinate (vt)	ฉีดวัคซีน	chèet wák-seen
injection, shot	การฉีดยา	gaan chèet yaa
to give an injection	ฉีดยา	chèet yaa
attack	มีอาการเฉียบพลัน	mee aa-gaan chìap phlan
amputation	การตัดอวัยวะออก	gaan dtàt a-wai-wá òrk
to amputate (vt)	ตัด	dtàt
coma	อาการโคม่า	aa-gaan khoh-mâa
to be in a coma	อยู่ในอาการโคม่า	yòo nai aa-gaan khoh-mâa
intensive care	หน่วยอภิบาล	nùay à-phí-baan
to recover (~ from flu)	ฟื้นตัว	féun dtua
condition (patient's ~)	อาการ	aa-gaan
consciousness	สติสัมปชัญญะ	sà-dti sǎm-bpà-chan-yá
memory (faculty)	ความทรงจำ	khwaam song jam
to pull out (tooth)	ถอน	thǒrn
filling	การอุด	gaan ùt
to fill (a tooth)	อุด	ùt
hypnosis	การสะกดจิต	gaan sà-gòt jìt
to hypnotize (vt)	สะกดจิต	sà-gòt jìt

51. Doctors

doctor	แพทย์	phâet
nurse	พยาบาล	phá-yaa-baan
personal doctor	แพทย์ส่วนตัว	phâet sùan dtua
dentist	ทันตแพทย์	than-dtà phâet
eye doctor	จักษุแพทย์	jàk-sù phâet
internist	อายุรแพทย์	aa-yú-rá-phâet
surgeon	ศัลยแพทย์	sǎn-yá-phâet
psychiatrist	จิตแพทย์	jìt-dtà-phâet
pediatrician	กุมารแพทย์	gù-maan phâet
psychologist	นักจิตวิทยา	nák jìt wít-thá-yaa
gynecologist	นรีแพทย์	ná-ree phâet
cardiologist	หทัยแพทย์	hà-thai phâet

52. Medicine. Drugs. Accessories

medicine, drug	ยา	yaa
remedy	ยา	yaa
to prescribe (vt)	จ่ายยา	jàai yaa
prescription	ใบสั่งยา	bai sàng yaa
tablet, pill	ยาเม็ด	yaa mét
ointment	ยาทา	yaa thaa
ampule	หลอดยา	lòrt yaa
mixture, solution	ยาส่วนผสม	yaa sùan phà-sǒm
syrup	น้ำเชื่อม	nám chêuam
capsule	ยาเม็ด	yaa mét
powder	ยาผง	yaa phǒng
gauze bandage	ผ้าพันแผล	phâa phan phlǎe
cotton wool	สำลี	sǎm-lee
iodine	ไอโอดีน	ai oh-deen
Band-Aid	พลาสเตอร์	phláat-dtêr
eyedropper	ที่หยอดตา	thêe yòrt dtaa
thermometer	ปรอท	bpa-ròrt
syringe	เข็มฉีดยา	khěm chèet-yaa
wheelchair	รถเข็นคนพิการ	rót khěn khon phí-gaan
crutches	ไม้ค้ำยัน	máai khám yan
painkiller	ยาแก้ปวด	yaa gâe bpùat
laxative	ยาระบาย	yaa rá-baai
spirits (ethanol)	เอธานอล	ay-thaa-norn
medicinal herbs	สมุนไพรทางการแพทย์	sà-mǔn phrai thaang gaan phâet
herbal (~ tea)	สมุนไพร	sà-mǔn phrai

HUMAN HABITAT

City

53. City. Life in the city

city, town	เมือง	meuang
capital city	เมืองหลวง	meuang lŭang
village	หมู่บ้าน	mòo bâan
city map	แผนที่เมือง	phăen thêe meuang
downtown	ใจกลางเมือง	jai glaang-meuang
suburb	ชานเมือง	chaan meuang
suburban (adj)	ชานเมือง	chaan meuang
outskirts	รอบนอกเมือง	rôrp nôrk meuang
environs (suburbs)	เขตรอบเมือง	khàyt rôrp-meuang
city block	บล็อกผังเมือง	blòrk phăng meuang
residential block (area)	บล็อกที่อยู่อาศัย	blòrk thêe yòo aa-săi
traffic	การจราจร	gaan jà-raa-jon
traffic lights	ไฟจราจร	fai jà-raa-jon
public transportation	ขนส่งมวลชน	khŏn sòng muan chon
intersection	สี่แยก	sèe yâek
crosswalk	ทางม้าลาย	thaang máa laai
pedestrian underpass	อุโมงค์คนเดิน	u-mohng kon dern
to cross (~ the street)	ข้าม	khâam
pedestrian	คนเดินเท้า	khon dern tháo
sidewalk	ทางเท้า	thaang tháo
bridge	สะพาน	sà-phaan
embankment (river walk)	ทางเลียบแม่น้ำ	thaang lîap mâe náam
fountain	น้ำพุ	nám phú
allée (garden walkway)	ทางเลียบสวน	thaang lîap sŭan
park	สวน	sŭan
boulevard	ถนนกว้าง	thà-nŏn gwâang
square	จัตุรัส	jàt-dtù-ràt
avenue (wide street)	ถนนใหญ่	thà-nŏn yài
street	ถนน	thà-nŏn
side street	ซอย	soi
dead end	ทางตัน	thaang dtan
house	บ้าน	bâan
building	อาคาร	aa-khaan

skyscraper	ตึกระฟ้า	dtèuk rá-fáa
facade	ด้านหน้าอาคาร	dâan-nâa aa-khaan
roof	หลังคา	lăng khaa
window	หน้าต่าง	nâa dtàang
arch	ซุ้มประตู	súm bprà-dtoo
column	เสา	săo
corner	มุม	mum
store window	หน้าต่างร้านค้า	nâa dtàang ráan kháa
signboard (store sign, etc.)	ป้ายร้าน	bpâai ráan
poster (e.g., playbill)	โปสเตอร์	bpòht-dtêr
advertising poster	ป้ายโฆษณา	bpâai khôht-sà-naa
billboard	กระดานปิดประกาศโฆษณา	grà-daan bpìt bprà-gàat khôht-sà-naa
garbage, trash	ขยะ	khà-yà
trash can (public ~)	ถังขยะ	thăng khà-yà
to litter (vi)	ทิ้งขยะ	thíng khà-yà
garbage dump	ที่ทิ้งขยะ	thêe thíng khà-yà
phone booth	ตู้โทรศัพท์	dtôo thoh-rá-sàp
lamppost	เสาโคม	săo khohm
bench (park ~)	ม้านั่ง	máa nâng
police officer	เจ้าหน้าที่ตำรวจ	jâo nâa-thêe dtam-rùat
police	ตำรวจ	dtam-rùat
beggar	ขอทาน	khŏr thaan
homeless (n)	คนไร้บ้าน	khon rái bâan

54. Urban institutions

store	ร้านค้า	ráan kháa
drugstore, pharmacy	ร้านขายยา	ráan khăai yaa
eyeglass store	ร้านตัดแว่น	ráan dtàt wâen
shopping mall	ศูนย์การค้า	sŏon gaan kháa
supermarket	ซูเปอร์มาร์เก็ต	soo-bper-maa-gèt
bakery	ร้านขนมปัง	ráan khà-nŏm bpang
baker	คนอบขนมปัง	khon òp khà-nŏm bpang
pastry shop	ร้านขนม	ráan khà-nŏm
grocery store	ร้านขายของชำ	ráan khăai khŏrng cham
butcher shop	ร้านขายเนื้อ	ráan khăai néua
produce store	ร้านขายผัก	ráan khăai phàk
market	ตลาด	dtà-làat
coffee house	ร้านกาแฟ	ráan gaa-fae
restaurant	ร้านอาหาร	ráan aa-hăan
pub, bar	บาร์	baa
pizzeria	ร้านพิซซ่า	ráan phís-sâa

hair salon	ร้านทำผม	ráan tham phǒm
post office	โรงไปรษณีย์	rohng bprai-sà-nee
dry cleaners	ร้านซักแห้ง	ráan sák hâeng
photo studio	ห้องถ่ายภาพ	hôrng thàai phâap
shoe store	ร้านขายรองเท้า	ráan khǎai rorng táo
bookstore	ร้านขายหนังสือ	ráan khǎai năng-sěu
sporting goods store	ร้านขายอุปกรณ์กีฬา	ráan khǎai u-bpà-gon gee-laa
clothes repair shop	ร้านซ่อมเสื้อผ้า	ráan sôrm sêua phâa
formal wear rental	ร้านเช่าเสื้อออกงาน	ráan châo sêua òrk ngaan
video rental store	ร้านเช่าวิดีโอ	ráan châo wí-dee-oh
circus	โรงละครสัตว์	rohng lá-khon sàt
zoo	สวนสัตว์	sŭan sàt
movie theater	โรงภาพยนตร์	rohng phâap-phá-yon
museum	พิพิธภัณฑ์	phí-phítha phan
library	ห้องสมุด	hôrng sà-mùt
theater	โรงละคร	rohng lá-khon
opera (opera house)	โรงอุปรากร	rohng ù-bpà-raa-gon
nightclub	ไนท์คลับ	nai-khláp
casino	คาสิโน	khaa-sì-noh
mosque	สุเหร่า	sù-rào
synagogue	โบสถ์ยิว	bòht yiw
cathedral	อาสนวิหาร	aa sŏn wí-hǎan
temple	วิหาร	wí-hǎan
church	โบสถ์	bòht
college	วิทยาลัย	wít-thá-yaa-lai
university	มหาวิทยาลัย	má-hǎa wít-thá-yaa-lai
school	โรงเรียน	rohng rian
prefecture	ศาลากลางจังหวัด	sǎa-laa glaang jang-wàt
city hall	ศาลาเทศบาล	sǎa-laa thâyt-sà-baan
hotel	โรงแรม	rohng raem
bank	ธนาคาร	thá-naa-khaan
embassy	สถานทูต	sà-thǎan thôot
travel agency	บริษัททัวร์	bor-rí-sàt thua
information office	สำนักงานศูนย์ข้อมูล	sǎm-nák ngaan sŏon khôr moon
currency exchange	ร้านแลกเงิน	ráan lâek ngern
subway	รถไฟใต้ดิน	rót fai dtâi din
hospital	โรงพยาบาล	rohng phá-yaa-baan
gas station	ปั้มน้ำมัน	bpám náam man
parking lot	ลานจอดรถ	laan jòrt rót

55. Signs

signboard (store sign, etc.)	ป้ายร้าน	bpâai ráan
notice (door sign, etc.)	ป้ายเตือน	bpâai dteuan
poster	โปสเตอร์	bpròht-dtêr
direction sign	ป้ายบอกทาง	bpâai bòrk thaang
arrow (sign)	ลูกศร	lôok sŏn
caution	คำเตือน	kham dteuan
warning sign	ป้ายเตือน	bpâai dteuan
to warn (vt)	เตือน	dteuan
rest day (weekly ~)	วันหยุด	wan yùt
timetable (schedule)	ตารางเวลา	dtaa-raang way-laa
opening hours	เวลาทำการ	way-laa tham gaan
WELCOME!	ยินดีต้อนรับ!	yin dee dtôrn ráp
ENTRANCE	ทางเข้า	thaang khâo
EXIT	ทางออก	thaang òrk
PUSH	ผลัก	phlàk
PULL	ดึง	deung
OPEN	เปิด	bpèrt
CLOSED	ปิด	bpìt
WOMEN	หญิง	yĭng
MEN	ชาย	chaai
DISCOUNTS	ลดราคา	lót raa-khaa
SALE	ขายของลดราคา	khăai khŏrng lót raa-khaa
NEW!	ใหม่!	mài
FREE	ฟรี	free
ATTENTION!	โปรดทราบ!	bproht sâap
NO VACANCIES	ไม่มีห้องว่าง	mâi mee hôrng wâang
RESERVED	จองแล้ว	jorng láew
ADMINISTRATION	สำนักงาน	săm-nák ngaan
STAFF ONLY	เฉพาะพนักงาน	chà-phór phá-nák ngaan
BEWARE OF THE DOG!	ระวังสุนัข!	rá-wang sù-nák
NO SMOKING	ห้ามสูบบุหรี่	hâam sòop bù rèe
DO NOT TOUCH!	ห้ามแตะ!	hâam dtàe
DANGEROUS	อันตราย	an-dtà-raai
DANGER	อันตราย	an-dtà-raai
HIGH VOLTAGE	ไฟฟ้าแรงสูง	fai fáa raeng sŏong
NO SWIMMING!	ห้ามว่ายน้ำ!	hâam wâai náam
OUT OF ORDER	เสีย	sĭa
FLAMMABLE	อันตรายติดไฟ	an-dtà-raai dtìt fai
FORBIDDEN	ห้าม	hâam

NO TRESPASSING!	ห้ามผ่าน!	hâam phàan
WET PAINT	สีพื้นเปียก	sĕe phéun bpìak

56. Urban transportation

bus	รถเมล์	rót may
streetcar	รถราง	rót raang
trolley bus	รถโดยสารประจำทางไฟฟ้า	rót doi săan bprà-jam thaang fai fáa
route (of bus, etc.)	เส้นทาง	sên thaang
number (e.g., bus ~)	หมายเลข	măai lâyk
to go by ...	ไปด้วย	bpai dûay
to get on (~ the bus)	ขึ้น	khêun
to get off ...	ลง	long
stop (e.g., bus ~)	ป้าย	bpâai
next stop	ป้ายถัดไป	bpâai thàt bpai
terminus	ป้ายสุดท้าย	bpâai sùt tháai
schedule	ตารางเวลา	dtaa-raang way-laa
to wait (vt)	รอ	ror
ticket	ตั๋ว	dtŭa
fare	ค่าตั๋ว	khâa dtŭa
cashier (ticket seller)	คนขายตั๋ว	khon khăai dtŭa
ticket inspection	การตรวจตั๋ว	gaan dtrùat dtŭa
ticket inspector	พนักงานตรวจตั๋ว	phá-nák ngaan dtrùat dtŭa
to be late (for ...)	ไปสาย	bpai săai
to miss (~ the train, etc.)	พลาด	phlâat
to be in a hurry	รีบเร่ง	rêep râyng
taxi, cab	แท็กซี่	tháek-sêe
taxi driver	คนขับแท็กซี่	khon khàp tháek-sêe
by taxi	โดยแท็กซี่	doi tháek-sêe
taxi stand	ป้ายจอดแท็กซี่	bpâai jòrt tháek sêe
to call a taxi	เรียกแท็กซี่	rîak tháek sêe
to take a taxi	ขึ้นรถแท็กซี่	khêun rót tháek-sêe
traffic	การจราจร	gaan jà-raa-jon
traffic jam	การจราจรติดขัด	gaan jà-raa-jon dtìt khàt
rush hour	ชั่วโมงเร่งด่วน	chûa mohng râyng dùan
to park (vi)	จอด	jòrt
to park (vt)	จอด	jòrt
parking lot	ลานจอดรถ	laan jòrt rót
subway	รถไฟใต้ดิน	rót fai dtâi din
station	สถานี	sà-thăa-nee
to take the subway	ขึ้นรถไฟใต้ดิน	khêun rót fai dtâi din

| train | รถไฟ | rót fai |
| train station | สถานีรถไฟ | sà-thǎa-nee rót fai |

57. Sightseeing

monument	อนุสาวรีย์	a-nú-sǎa-wá-ree
fortress	ป้อม	bpôrm
palace	วัง	wang
castle	ปราสาท	bpraa-sàat
tower	หอ	hǒr
mausoleum	สุสาน	sù-sǎan

architecture	สถาปัตยกรรม	sà-thǎa-bpàt-dtà-yá-gam
medieval (adj)	ยุคกลาง	yúk glaang
ancient (adj)	โบราณ	boh-raan
national (adj)	แห่งชาติ	hàeng châat
famous (monument, etc.)	ที่มีชื่อเสียง	thêe mee chêu-sǐang

tourist	นักท่องเที่ยว	nák thôrng thîeow
guide (person)	มัคคุเทศก์	mák-khú-thâyt
excursion, sightseeing tour	ทัศนศึกษา	thát-sà-ná-sèuk-sǎa
to show (vt)	แสดง	sà-daeng
to tell (vt)	เล่า	lâo

to find (vt)	หาพบ	hǎa phóp
to get lost (lose one's way)	หลงทาง	lǒng thaang
map (e.g., subway ~)	แผนที่	phǎen thêe
map (e.g., city ~)	แผนที่	phǎen thêe

souvenir, gift	ของที่ระลึก	khǒrng thêe rá-léuk
gift shop	ร้านขายของที่ระลึก	ráan khǎai khǒrng thêe rá-léuk
to take pictures	ถ่ายภาพ	thàai phâap
to have one's picture taken	ได้รับการถ่ายภาพให้	dâai ráp gaan thàai phâap hâi

58. Shopping

to buy (purchase)	ซื้อ	séu
purchase	ของซื้อ	khǒrng séu
to go shopping	ไปซื้อของ	bpai séu khǒrng
shopping	การชอปปิง	gaan chôp bping

| to be open (ab. store) | เปิด | bpèrt |
| to be closed | ปิด | bpìt |

| footwear, shoes | รองเท้า | rorng tháo |
| clothes, clothing | เสื้อผ้า | sêua phâa |

cosmetics	เครื่องสำอาง	khrêuang săm-aang
food products	อาหาร	aa-hăan
gift, present	ของขวัญ	khŏrng khwăn
salesman	พนักงานขาย	phá-nák ngaan khăai
saleswoman	พนักงานขาย	phá-nák ngaan khăai
check out, cash desk	ที่จ่ายเงิน	thêe jàai ngern
mirror	กระจก	grà-jòk
counter (store ~)	เคาน์เตอร์	khao-dtêr
fitting room	ห้องลองเสื้อผ้า	hôrng lorng sêua phâa
to try on	ลอง	lorng
to fit (ab. dress, etc.)	เหมาะ	mò
to like (I like …)	ชอบ	chôrp
price	ราคา	raa-khaa
price tag	ป้ายราคา	bpâai raa-khaa
to cost (vt)	ราคา	raa-khaa
How much?	ราคาเท่าไหร่?	raa-khaa thâo rài
discount	ลดราคา	lót raa-khaa
inexpensive (adj)	ไม่แพง	mâi phaeng
cheap (adj)	ถูก	thòok
expensive (adj)	แพง	phaeng
It's expensive	มันราคาแพง	man raa-khaa phaeng
rental (n)	การเช่า	gaan châo
to rent (~ a tuxedo)	เช่า	châo
credit (trade credit)	สินเชื่อ	sĭn chêua
on credit (adv)	ซื้อเงินเชื่อ	séu ngern chêua

59. Money

money	เงิน	ngern
currency exchange	การแลกเปลี่ยนสกุลเงิน	gaan lâek bplìan sà-gun ngern
exchange rate	อัตราแลกเปลี่ยนสกุลเงิน	àt-dtraa lâek bplìan sà-gun ngern
ATM	เอทีเอ็ม	ay-thee-em
coin	เหรียญ	rĭan
dollar	ดอลลาร์	dorn-lâa
euro	ยูโร	yoo-roh
lira	ลีราอิตาลี	lee-raa ì-dtaa-lee
Deutschmark	มาร์ค	mâak
franc	ฟรังค์	frang
pound sterling	ปอนด์สเตอร์ลิง	bporn sà-dtêr-ling
yen	เยน	yayn

debt	หนี้	nêe
debtor	ลูกหนี้	lôok nêe
to lend (money)	ให้ยืม	hâi yeum
to borrow (vi, vt)	ขอยืม	khŏr yeum
bank	ธนาคาร	thá-naa-khaan
account	บัญชี	ban-chee
to deposit (vt)	ฝาก	fàak
to deposit into the account	ฝากเงินเข้าบัญชี	fàak ngern khâo ban-chee
to withdraw (vt)	ถอน	thŏrn
credit card	บัตรเครดิต	bàt khray-dìt
cash	เงินสด	ngern sòt
check	เช็ค	chék
to write a check	เขียนเช็ค	khĭan chék
checkbook	สมุดเช็ค	sà-mùt chék
wallet	กระเป๋าเงิน	grà-bpăo ngern
change purse	กระเป๋าสตางค์	grà-bpăo sà-dtaang
safe	ตู้เซฟ	dtôo sâyf
heir	ทายาท	thaa-yâat
inheritance	มรดก	mor-rá-dòrk
fortune (wealth)	เงินจำนวนมาก	ngern jam-nuan mâak
lease	สัญญาเช่า	săn-yaa châo
rent (money)	ค่าเช่า	kâa châo
to rent (sth from sb)	เช่า	châo
price	ราคา	raa-khaa
cost	ราคา	raa-khaa
sum	จำนวนเงินรวม	jam-nuan ngern ruam
to spend (vt)	จ่าย	jàai
expenses	ค่าจ่าย	khâa jàai
to economize (vi, vt)	ประหยัด	bprà-yàt
economical	ประหยัด	bprà-yàt
to pay (vi, vt)	จ่าย	jàai
payment	การจ่ายเงิน	gaan jàai ngern
change (give the ~)	เงินทอน	ngern thorn
tax	ภาษี	phaa-sĕe
fine	ค่าปรับ	khâa bpràp
to fine (vt)	ปรับ	bpràp

60. Post. Postal service

post office	โรงไปรษณีย์	rohng bprai-sà-nee
mail (letters, etc.)	จดหมาย	jòt măai

mailman	บุรุษไปรษณีย์	bù-rùt bprai-sà-nee
opening hours	เวลาทำการ	way-laa tham gaan
letter	จดหมาย	jòt măai
registered letter	จดหมายลงทะเบียน	jòt măai long thá-bian
postcard	ไปรษณียบัตร	bprai-sà-nee-yá-bàt
telegram	โทรเลข	thoh-rá-lâyk
package (parcel)	พัสดุ	phát-sà-dù
money transfer	การโอนเงิน	gaan ohn ngern
to receive (vt)	รับ	ráp
to send (vt)	ฝาก	fàak
sending	การฝาก	gaan fàak
address	ที่อยู่	thêe yòo
ZIP code	รหัสไปรษณีย์	rá-hàt bprai-sà-nee
sender	ผู้ฝาก	phôo fàak
receiver	ผู้รับ	phôo ráp
name (first name)	ชื่อ	chêu
surname (last name)	นามสกุล	naam sà-gun
postage rate	อัตราค่าส่งไปรษณีย์	àt-dtraa khâa sòng bprai-sà-nee
standard (adj)	มาตรฐาน	mâat-dtrà-thăan
economical (adj)	ประหยัด	bprà-yàt
weight	น้ำหนัก	nám nàk
to weigh (~ letters)	มีน้ำหนัก	mee nám nàk
envelope	ซอง	sorng
postage stamp	แสตมป์ไปรษณีย์	sà-dtaem bprai-sà-nee
to stamp an envelope	แสตมป์ตราประทับบนซอง	sà-dtaem dtraa bprà-tháp bon song

Dwelling. House. Home

61. House. Electricity

electricity	ไฟฟ้า	fai fáa
light bulb	หลอดไฟฟ้า	lòrt fai fáa
switch	ปุ่มปิดเปิดไฟ	bpùm bpìt bpèrt fai
fuse (plug fuse)	ฟิวส์	fiw
cable, wire (electric ~)	สายไฟฟ้า	săai fai fáa
wiring	การเดินสายไฟ	gaan dern săai fai
electricity meter	มิเตอร์วัดไฟฟ้า	mí-dtêr wát fai fáa
readings	คามิเตอร์	khâa mí-dtêr

62. Villa. Mansion

country house	บ้านสไตล์คันทรี่	bâan sà-dtai khan trêe
villa (seaside ~)	คฤหาสน์	khá-réu-hàat
wing (~ of a building)	สวน	sùan
garden	สวน	sŭan
park	สวน	sŭan
conservatory (greenhouse)	เรือนกระจกเขตร้อน	reuan grà-jòk khàyt rórn
to look after (garden, etc.)	ดูแล	doo lae
swimming pool	สระว่ายน้ำ	sà wâai náam
gym (home gym)	โรงยิม	rohng-yim
tennis court	สนามเทนนิส	sà-năam then-nít
home theater (room)	ห้องฉายหนัง	hôrng chăai năng
garage	โรงรถ	rohng rót
private property	ทรัพย์สินส่วนบุคคล	sáp sĭn sùan bùk-khon
private land	ที่ดินส่วนบุคคล	thêe din sùan bùk-khon
warning (caution)	คำเตือน	kham dteuan
warning sign	ป้ายเตือน	bpâai dteuan
security	ผู้รักษาความปลอดภัย	phôo rák-săa khwaam bplòrt phai
security guard	ยาม	yaam
burglar alarm	สัญญาณกันขโมย	săn-yaan gan khà-moi

63. Apartment

apartment	อพาร์ตเมนต์	a-phâat-mayn
room	ห้อง	hôrng
bedroom	ห้องนอน	hôrng norn
dining room	ห้องรับประทานอาหาร	hôrng ráp bprà-thaan aa-hăan
living room	ห้องนั่งเล่น	hôrng nâng lên
study (home office)	ห้องทำงาน	hôrng tham ngaan
entry room	ห้องเข้า	hôrng khâo
bathroom (room with a bath or shower)	ห้องน้ำ	hôrng náam
half bath	ห้องส้วม	hôrng sûam
ceiling	เพดาน	phay-daan
floor	พื้น	phéun
corner	มุม	mum

64. Furniture. Interior

furniture	เครื่องเรือน	khrêuang reuan
table	โต๊ะ	dtó
chair	เก้าอี้	gâo-êe
bed	เตียง	dtiang
couch, sofa	โซฟา	soh-faa
armchair	เก้าอี้เท้าแขน	gâo-êe tháo khăen
bookcase	ตู้หนังสือ	dtôo năng-sĕu
shelf	ชั้นวาง	chán waang
wardrobe	ตู้เสื้อผ้า	dtôo sêua phâa
coat rack (wall-mounted ~)	ที่แขวนเสื้อ	thêe khwăen sêua
coat stand	ไม้แขวนเสื้อ	mái khwăen sêua
bureau, dresser	ตู้ลิ้นชัก	dtôo lín chák
coffee table	โต๊ะกาแฟ	dtó gaa-fae
mirror	กระจก	grà-jòk
carpet	พรม	phrom
rug, small carpet	พรมเช็ดเท้า	phrom chét tháo
fireplace	เตาผิง	dtao phĭng
candle	เทียน	thian
candlestick	เชิงเทียน	cherng thian
drapes	ผ้าแขวน	phâa khwăen
wallpaper	วอลเปเปอร์	worn-bpay-bper
blinds (jalousie)	บานเกล็ดหน้าต่าง	baan glèt nâa dtàang

table lamp	โคมไฟตั้งโต๊ะ	khohm fai dtâng dtó
wall lamp (sconce)	ไฟติดผนัง	fai dtìt phà-năng
floor lamp	โคมไฟตั้งพื้น	khohm fai dtâng phéun
chandelier	โคมระย้า	khohm rá-yáa
leg (of chair, table)	ขา	khăa
armrest	ที่พักแขน	thêe phák khăen
back (backrest)	พนักพิง	phá-nák phing
drawer	ลิ้นชัก	lín chák

65. Bedding

bedclothes	ชุดผ้าปูที่นอน	chút phâa bpoo thêe norn
pillow	หมอน	mŏrn
pillowcase	ปลอกหมอน	bplòk mŏrn
duvet, comforter	ผ้าห่ม	phâa phŭay
sheet	ผ้าปู	phâa bpoo
bedspread	ผ้าคลุมเตียง	phâa khlum dtiang

66. Kitchen

kitchen	ห้องครัว	hôrng khrua
gas	แก๊ส	gáet
gas stove (range)	เตาแก๊ส	dtao gàet
electric stove	เตาไฟฟ้า	dtao fai-fáa
oven	เตาอบ	dtao òp
microwave oven	เตาอบไมโครเวฟ	dtao òp mai-khroh-we p
refrigerator	ตู้เย็น	dtôo yen
freezer	ตู้แช่แข็ง	dtôo châe khăeng
dishwasher	เครื่องล้างจาน	khrêuang láang jaan
meat grinder	เครื่องบดเนื้อ	khrêuang bòt néua
juicer	เครื่องคั้น น้ำผลไม้	khrêuang khán náam phŏn-lá-mái
toaster	เครื่องปิ้ง ขนมปัง	khrêuang bpîng khà-nŏm bpang
mixer	เครื่องปั่น	khrêuang bpàn
coffee machine	เครื่องชงกาแฟ	khrêuang chong gaa-fae
coffee pot	หม้อกาแฟ	môr gaa-fae
coffee grinder	เครื่องบดกาแฟ	khrêuang bòt gaa-fae
kettle	กาน้ำ	gaa náam
teapot	กาน้ำชา	gaa náam chaa
lid	ฝา	făa
tea strainer	ที่กรองชา	thêe grorng chaa
spoon	ช้อน	chórn

teaspoon	ช้อนชา	chórn chaa
soup spoon	ช้อนซุป	chórn súp
fork	ส้อม	sôrm
knife	มีด	mêet
tableware (dishes)	ถ้วยชาม	thûay chaam
plate (dinner ~)	จาน	jaan
saucer	จานรอง	jaan rorng
shot glass	แก้วช็อต	gâew chórt
glass (tumbler)	แก้ว	gâew
cup	ถ้วย	thûay
sugar bowl	โถน้ำตาล	thŏh náam dtaan
salt shaker	กระปุกเกลือ	grà-bpùk gleua
pepper shaker	กระปุกพริกไทย	grà-bpùk phrík thai
butter dish	ที่ใส่เนย	thêe sài noie
stock pot (soup pot)	หม้อต้ม	môr dtôm
frying pan (skillet)	กระทะ	grà-thá
ladle	กระบวย	grà-buay
colander	กระชอน	grà chorn
tray (serving ~)	ถาด	thàat
bottle	ขวด	khùat
jar (glass)	ขวดโหล	khùat lŏh
can	กระป๋อง	grà-bpŏrng
bottle opener	ที่เปิดขวด	thêe bpèrt khùat
can opener	ที่เปิดกระป๋อง	thêe bpèrt grà-bpŏrng
corkscrew	ที่เปิดจุก	thêe bpèrt jùk
filter	ที่กรอง	thêe grorng
to filter (vt)	กรอง	grorng
trash, garbage (food waste, etc.)	ขยะ	khà-yà
trash can (kitchen ~)	ถังขยะ	thăng khà-yà

67. Bathroom

bathroom	ห้องน้ำ	hôrng náam
water	น้ำ	nám
faucet	ก๊อกน้ำ	gòk náam
hot water	น้ำร้อน	nám rórn
cold water	น้ำเย็น	nám yen
toothpaste	ยาสีฟัน	yaa sĕe fan
to brush one's teeth	แปรงฟัน	bpraeng fan
toothbrush	แปรงสีฟัน	bpraeng sĕe fan
to shave (vi)	โกน	gohn

shaving foam	โฟมโกนหนวด	fohm gohn nùat
razor	มีดโกน	mêet gohn
to wash (one's hands, etc.)	ล้าง	láang
to take a bath	อาบ	àap
shower	ฝักบัว	fàk bua
to take a shower	อาบน้ำฝักบัว	àap náam fàk bua
bathtub	อ่างอาบน้ำ	àang àap náam
toilet (toilet bowl)	โถชักโครก	thǒh chák khrôhk
sink (washbasin)	อางลางหนา	àang láang-nâa
soap	สบู่	sà-bòo
soap dish	ที่ใส่สบู่	thêe sài sà-bòo
sponge	ฟองน้ำ	forng náam
shampoo	แชมพู	chaem-phoo
towel	ผ้าเช็ดตัว	phâa chét dtua
bathrobe	เสื้อคลุมอาบน้ำ	sêua khlum àap náam
laundry (laundering)	การซักผ้า	gaan sák phâa
washing machine	เครื่องซักผ้า	khrêuang sák phâa
to do the laundry	ซักผ้า	sák phâa
laundry detergent	ผงซักฟอก	phǒng sák-fôrk

68. Household appliances

TV set	ทีวี	thee-wee
tape recorder	เครื่องบันทึกเทป	khrêuang ban-théuk thâyp
VCR (video recorder)	เครื่องบันทึกวิดีโอ	khrêuang ban-théuk wí-dee-oh
radio	วิทยุ	wít-thá-yú
player (CD, MP3, etc.)	เครื่องเล่น	khrêuang lên
video projector	โปรเจ็คเตอร์	bproh-jèk-dtêr
home movie theater	เครื่องฉายภาพยนตร์ที่บ้าน	khhrêuang chǎai phâap-phá yon thêe bâan
DVD player	เครื่องเล่น DVD	khrêuang lên dee-wee-dee
amplifier	เครื่องขยายเสียง	khrêuang khà-yǎai sǐang
video game console	เครื่องเกมคอนโซล	khrêuang gaym khorn sohn
video camera	กล้องถ่ายวิดีโอ	glôrng thàai wí-dee-oh
camera (photo)	กล้องถ่ายรูป	glôrng thàai rôop
digital camera	กลองดิจิตอล	glôrng dì-jì-dton
vacuum cleaner	เครื่องดูดฝุ่น	khrêuang dòot fùn
iron (e.g., steam ~)	เตารีด	dtao rêet
ironing board	กระดานรองรีด	grà-daan rorng rêet
telephone	โทรศัพท์	thoh-rá-sàp

cell phone	มือถือ	meu tĕu
typewriter	เครื่องพิมพ์ดีด	khrêuang phim dèet
sewing machine	จักรเย็บผ้า	jàk yép phâa
microphone	ไมโครโฟน	mai-khroh-fohn
headphones	หูฟัง	hŏo fang
remote control (TV)	รีโมตทีวี	ree môht thee wee
CD, compact disc	CD	see-dee
cassette, tape	เทป	thâyp
vinyl record	จานเสียง	jaan sĭang

HUMAN ACTIVITIES

Job. Business. Part 1

69. Office. Working in the office

office (company ~)	สำนักงาน	săm-nák ngaan
office (of director, etc.)	ห้องทำงาน	hôrng tham ngaan
reception desk	แผนกต้อนรับ	phà-nàek dtôrn ráp
secretary	เลขา	lay-khăa
secretary (fem.)	เลขา	lay-khăa
director	ผู้อำนวยการ	phôo am-nuay gaan
manager	ผู้จัดการ	phôo jàt gaan
accountant	คนทำบัญชี	khon tham ban-chee
employee	พนักงาน	phá-nák ngaan
furniture	เครื่องเรือน	khrêuang reuan
desk	โต๊ะ	dtó
desk chair	เก้าอี้สำนักงาน	gâo-êe săm-nák ngaan
drawer unit	ตู้มีลิ้นชัก	dtôo mee lín chák
coat stand	ไม้แขวนเสื้อ	mái khwăen sêua
computer	คอมพิวเตอร์	khorm-phiw-dtêr
printer	เครื่องพิมพ์	khrêuang phim
fax machine	เครื่องโทรสาร	khrêuang thoh-rá-săan
photocopier	เครื่องอัดสำเนา	khrêuang àt săm-nao
paper	กระดาษ	grà-dàat
office supplies	เครื่องใช้สำนักงาน	khrêuang chái săm-nák ngaan
mouse pad	แผ่นรองเมาส์	phàen rorng mao
sheet (of paper)	ใบ	bai
binder	แฟ้ม	fáem
catalog	บัญชีรายชื่อ	ban-chee raai chêu
phone directory	สมุดโทรศัพท์	sà-mùt thoh-rá-sàp
documentation	เอกสาร	àyk săan
brochure (e.g., 12 pages ~)	โบรชัวร์	broh-chua
leaflet (promotional ~)	ใบปลิว	bai bpliw
sample	ตัวอย่าง	dtua yàang
training meeting	การประชุมฝึกอบรม	gaan bprà-chum fèuk òp-rom

meeting (of managers)	การประชุม	gaan bprà-chum
lunch time	การพักเที่ยง	gaan phák thîang
to make a copy	ทำสำเนา	tham săm-nao
to make multiple copies	ทำสำเนาหลายฉบับ	tham săm-nao lăai chà-bàp
to receive a fax	รับโทรสาร	ráp thoh-rá-săan
to send a fax	ส่งโทรสาร	sòng thoh-rá-săan
to call (by phone)	โทรศัพท์	thoh-rá-sàp
to answer (vt)	รับสาย	ráp săai
to put through	โอนสาย	ohn săai
to arrange, to set up	นัด	nát
to demonstrate (vt)	สาธิต	săa-thít
to be absent	ขาด	khàat
absence	การขาด	gaan khàat

70. Business processes. Part 1

business	ธุรกิจ	thú-rá gìt
occupation	อาชีพ	aa-chêep
firm	บริษัท	bor-rí-sàt
company	บริษัท	bor-rí-sàt
corporation	บริษัท	bor-rí-sàt
enterprise	บริษัท	bor-rí-sàt
agency	สำนักงาน	săm-nák ngaan
agreement (contract)	ข้อตกลง	khôr dtòk long
contract	สัญญา	săn-yaa
deal	ข้อตกลง	khôr dtòk long
order (to place an ~)	การสั่ง	gaan sàng
terms (of the contract)	เงื่อนไข	ngêuan khăi
wholesale (adv)	ขายส่ง	khăai sòng
wholesale (adj)	ขายส่ง	khăai sòng
wholesale (n)	การขายส่ง	gaan khăai sòng
retail (adj)	ขายปลีก	khăai bplèek
retail (n)	การขายปลีก	gaan khăai bplèek
competitor	คู่แข่ง	khôo khàeng
competition	การแข่งขัน	gaan khàeng khăn
to compete (vi)	แข่งขัน	khàeng khăn
partner (associate)	พันธมิตร	phan-thá-mít
partnership	ห้างหุ้นส่วน	hâang hûn sùan
crisis	วิกฤติ	wí-grìt
bankruptcy	การล้มละลาย	gaan lóm lá-laai

to go bankrupt	ล้มละลาย	lóm lá-laai
difficulty	ความยากลำบาก	khwaam yâak lam-bàak
problem	ปัญหา	bpan-hăa
catastrophe	ความหายนะ	khwaam hăa-yá-ná
economy	เศรษฐกิจ	sàyt-thà-gìt
economic (~ growth)	ทางเศรษฐกิจ	thaang sàyt-thà-gìt
economic recession	เศรษฐกิจถดถอย	sàyt-thà-gìt thòt thŏi
goal (aim)	เป้าหมาย	bpâo măai
task	งาน	ngaan
to trade (vi)	แลกเปลี่ยน	lâek bplìan
network (distribution ~)	เครือข่าย	khreua khàai
inventory (stock)	คลังสินค้า	khlang sĭn kháa
range (assortment)	ประเภทสินค้าต่างๆ	bprà-phâyt sĭn kháa dtàang dtàang
leader (leading company)	ผู้นำ	phôo nam
large (~ company)	ขนาดใหญ่	khà-nàat yài
monopoly	การผูกขาด	gaan phòok khàat
theory	ทฤษฎี	thrít-sà-dee
practice	การดำเนินการ	gaan dam-nern gaan
experience (in my ~)	ประสบการณ์	bprà-sòp gaan
trend (tendency)	แนวโน้ม	naew nóhm
development	การพัฒนา	gaan phát-thá-naa

71. Business processes. Part 2

profit (foregone ~)	กำไร	gam-rai
profitable (~ deal)	กำไร	gam-rai
delegation (group)	คณะผู้แทน	khá-ná phôo thaen
salary	เงินเดือน	ngern deuan
to correct (an error)	แก้ไข	gâe khăi
business trip	การเดินทางไปทำธุรกิจ	gaan dern taang bpai tham thú-rá gìt
commission	คณะ	khá-ná
to control (vt)	ควบคุม	khûap khum
conference	งานประชุม	ngaan bprà-chum
license	ใบอนุญาต	bai a-nú-yâat
reliable (~ partner)	พึ่งพาได้	phêung phaa dâai
initiative (undertaking)	การริเริ่ม	gaan rí-rêrm
norm (standard)	มาตรฐาน	mâat-dtrà-thăan
circumstance	ภาวะ	phaa-wá
duty (of employee)	หน้าที่	nâa thêe
organization (company)	องค์การ	ong gaan

organization (process)	การจัด	gaan jàt
organized (adj)	ที่ถูกจัด	thêe thòok jàt
cancellation	การยกเลิก	gaan yók lêrk
to cancel (call off)	ยกเลิก	yók lêrk
report (official ~)	รายงาน	raai ngaan
patent	สิทธิบัตร	sìt-thí bàt
to patent (obtain patent)	จดสิทธิบัตร	jòt sìt-thí bàt
to plan (vt)	วางแผน	waang phǎen
bonus (money)	โบนัส	boh-nát
professional (adj)	ทางวิชาชีพ	thaang wí-chaa chêep
procedure	กระบวนการ	grà-buan gaan
to examine (contract, etc.)	ปรึกษาหารือ	bprèuk-sǎa hǎa-reu
calculation	การนับ	gaan náp
reputation	ความมีหน้ามีตา	khwaam mee nâa mee dtaa
risk	ความเสี่ยง	khwaam sìang
to manage, to run	บริหาร	bor-rí-hǎan
information (report)	ข้อมูล	khôr moon
property	ทรัพย์สิน	sáp sǐn
union	สหภาพ	sà-hà phâap
life insurance	การประกันชีวิต	gaan bprà-gan chee-wít
to insure (vt)	ประกันภัย	bprà-gan phai
insurance	การประกันภัย	gaan bprà-gan phai
auction (~ sale)	การขายเลหลัง	gaan khǎai lay-lǎng
to notify (inform)	แจ้ง	jâeng
management (process)	การบริหาร	gaan bor-rí-hǎan
service (~ industry)	บริการ	bor-rí-gaan
forum	การประชุมฟอรั่ม	gaan bprà-chum for-râm
to function (vi)	ดำเนินการ	dam-nern gaan
stage (phase)	ขั้น	khân
legal (~ services)	ทางกฎหมาย	thaang gòt mǎai
lawyer (legal advisor)	ทนายความ	thá-naai khwaam

72. Production. Works

plant	โรงงาน	rohng ngaan
factory	โรงงาน	rohng ngaan
workshop	ห้องทำงาน	hôrng tham ngaan
works, production site	ที่ผลิต	thêe phà-lìt
industry (manufacturing)	อุตสาหกรรม	ùt-saa há-gam
industrial (adj)	ทางอุตสาหกรรม	thaang ùt-sǎa-hà-gam
heavy industry	อุตสาหกรรมหนัก	ùt-sǎa-hà-gam nàk

light industry	อุตสาหกรรมเบา	ùt-sǎa-hà-gam bao
products	ผลิตภัณฑ์	phà-lìt-dtà-phan
to produce (vt)	ผลิต	phà-lìt
raw materials	วัตถุดิบ	wát-thù dìp
foreman (construction ~)	คนคุมงาน	khon khum ngaan
workers team (crew)	ทีมคนงาน	theem khon ngaan
worker	คนงาน	khon ngaan
working day	วันทำงาน	wan tham ngaan
pause (rest break)	หยุดพัก	yùt phák
meeting	การประชุม	gaan bprà-chum
to discuss (vt)	หารือ	hǎa-reu
plan	แผน	phǎen
to fulfill the plan	ทำตามแผน	tham dtaam pǎen
rate of output	อัตราผลลัพธ์	àt-dtraa phǒn láp
quality	คุณภาพ	khun-ná-phâap
control (checking)	การควบคุม	gaan khûap khum
quality control	การควบคุมคุณภาพ	gaan khûap khum khun-ná-phâap
workplace safety	ความปลอดภัยในที่ทำงาน	khwaam bplòrt phai nai thêe tham ngaan
discipline	วินัย	wí-nai
violation (of safety rules, etc.)	การละเมิด	gaan lá-mêrt
to violate (rules)	ละเมิด	lá-mêrt
strike	การประท้วงหยุดงาน	gaan bprà-thúang yùt ngaan
striker	ผู้ประท้วงหยุดงาน	phôo bprà-thúang yùt ngaan
to be on strike	ประท้วงหยุดงาน	bprà-thúang yùt ngaan
labor union	สหภาพแรงงาน	sà-hà-phâap raeng ngaan
to invent (machine, etc.)	ประดิษฐ์	bprà-dìt
invention	สิ่งประดิษฐ์	sìng bprà-dìt
research	การวิจัย	gaan wí-jai
to improve (make better)	ทำให้ดีขึ้น	tham hâi dee khêun
technology	เทคโนโลยี	thék-noh-loh-yee
technical drawing	ภาพร่างทางเทคนิค	phâap-râang thaang thék-nìk
load, cargo	ของบรรทุก	khǒrng ban-thúk
loader (person)	คนงานยกของ	khon ngaan yók khǒrng
to load (vehicle, etc.)	บรรทุก	ban-thúk
loading (process)	การบรรทุก	gaan ban-thúk
to unload (vi, vt)	ขนออก	khǒn òrk
unloading	การขนออก	gaan khǒn òrk
transportation	การขนส่ง	gaan khǒn sòng
transportation company	บริษัทขนส่ง	bor-rí-sàt khǒn sòng

to transport (vt)	ขนส่ง	khŏn sòng
freight car	ตู้รถไฟรถ	dtôo rót fai
tank (e.g., oil ~)	ถัง	thăng
truck	รถบรรทุก	rót ban-thúk
machine tool	เครื่องมือกล	khrêuang meu gon
mechanism	กลไก	gon-gai
industrial waste	ของเสียจากโรงงาน	khŏrng sĭa jàak rohng ngaan
packing (process)	การทำหีบบุห่อ	gaan tham hèep hòr
to pack (vt)	แพ็คหีบหอ	pháek hèep hòr

73. Contract. Agreement

contract	สัญญา	săn-yaa
agreement	ข้อตกลง	khôr dtòk long
addendum	ภาคผนวก	phâak phà-nùak
to sign a contract	ลงนามในสัญญา	long naam nai săn-yaa
signature	ลายมือชื่อ	laai meu chêu
to sign (vt)	ลงนาม	long naam
seal (stamp)	ตราประทับ	dtraa bprà-tháp
subject of the contract	หัวข้อของสัญญา	hŭa khôr khŏrng săn-yaa
clause	ข้อ	khôr
parties (in contract)	ฝ่าย	fàai
legal address	ที่อยู่ตามกฎหมาย	thêe yòo dtaam gòt măai
to violate the contract	การละเมิดสัญญา	gaan lá-mêrt săn-yaa
commitment (obligation)	พันธสัญญา	phan-thá-săn-yaa
responsibility	ความรับผิดชอบ	khwaam ráp phìt chôp
force majeure	เหตุสุดวิสัย	hàyt sùt wí-săi
dispute	ความขัดแย้ง	khwaam khàt yáeng
penalties	บทลงโทษ	bòt long thôht

74. Import & Export

import	การนำเข้า	gaan nam khâo
importer	ผู้นำเข้า	phôo nam khâo
to import (vt)	นำเข้า	nam khâo
import (as adj.)	นำเข้า	nam khâo
export (exportation)	การส่งออก	gaan sòng òrk
exporter	ผู้ส่งออก	phôo sòng òrk
to export (vi, vt)	สงออก	sòng òrk
export (as adj.)	สงออก	sòng òrk
goods (merchandise)	สินค้า	sĭn kháa

consignment, lot	สินค้าที่ส่งไป	sĭn kháa thêe sòng bpai
weight	น้ำหนัก	nám nàk
volume	ปริมาณ	bpà-rí-maan
cubic meter	ลูกบาศก์เมตร	lôok bàat máyt
manufacturer	ผู้ผลิต	phôo phà-lìt
transportation company	บริษัทขนส่ง	bor-rí-sàt khŏn sòng
container	ตู้คอนเทนเนอร์	dtôo khorn thay ná-ner
border	ชายแดน	chaai daen
customs	ด่านศุลกากร	dàan sŭn-lá-gaa-gon
customs duty	ภาษีศุลกากร	phaa-sĕe sŭn-lá-gaa-gon
customs officer	เจ้าหน้าที่ศุลกากร	jâo nâa-thêe sŭn-lá-gaa-gon
smuggling	การลักลอบ	gaan lák-lôrp
contraband (smuggled goods)	สินค้าที่ผิดกฎหมาย	sĭn kháa thêe phìt gòt măai

75. Finances

stock (share)	หุ้น	hûn
bond (certificate)	ตราสารหนี้	dtraa săan nêe
promissory note	ตั๋วสัญญาใช้เงิน	dtŭa săn-yaa chái ngern
stock exchange	ตลาดหลักทรัพย์	dtà-làat làk sáp
stock price	ราคาหุ้น	raa-khaa hûn
to go down (become cheaper)	ถูกลง	thòok long
to go up (become more expensive)	แพงขึ้น	phaeng khêun
share	ปันผล	bpan phŏn
controlling interest	ส่วนได้เสียที่มีอำนาจควบคุม	sùan dâai sĭa têe mee am-nâat khûap khum
investment	การลงทุน	gaan long thun
to invest (vt)	ลงทุน	long thun
percent	เปอร์เซ็นต์	bper-sen
interest (on investment)	ดอกเบี้ย	dòrk bîa
profit	กำไร	gam-rai
profitable (adj)	ได้กำไร	dâai gam-rai
tax	ภาษี	phaa-sĕe
currency (foreign ~)	สกุลเงิน	sà-gun ngern
national (adj)	แห่งชาติ	hàeng châat
exchange (currency ~)	การแลกเปลี่ยน	gaan lâek bplìan
accountant	นักบัญชี	nák ban-chee
accounting	การทำบัญชี	gaan tham ban-chee

bankruptcy	การล้มละลาย	gaan lóm lá-laai
collapse, crash	การพังพินาศ	gaan phang phí-nâat
ruin	ความพินาศ	khwaam phí-nâat
to be ruined (financially)	ล้มละลาย	lóm lá-laai
inflation	เงินเฟ้อ	ngern fér
devaluation	การลดค่าเงิน	gaan lót khâa ngern
capital	เงินทุน	ngern thun
income	รายได้	raai dâai
turnover	การหมุนเวียน	gaan mŭn wian
resources	ทรัพยากร	sáp-pá-yaa-gon
monetary resources	แหล่งเงินทุน	làeng ngern thun
overhead	ค่าใช้จ่าย	khâa chái jàai
to reduce (expenses)	ลด	lót

76. Marketing

marketing	การตลาด	gaan dtà-làat
market	ตลาด	dtà-làat
market segment	ส่วนตลาด	sùan dtà-làat
product	ผลิตภัณฑ์	phà-lìt-dtà-phan
goods (merchandise)	สินค้า	sĭn kháa
brand	ยี่ห้อ	yêe hôr
trademark	เครื่องหมายการค้า	khrêuang măai gaan kháa
logotype	โลโก้	loh-gôh
logo	โลโก้	loh-gôh
demand	อุปสงค์	u-bpà-sŏng
supply	อุปทาน	u-bpà-thaan
need	ความต้องการ	khwaam dtôrng gaan
consumer	ผู้บริโภค	phôo bor-rí-phôhk
analysis	การวิเคราะห์	gaan wí-khrór
to analyze (vt)	วิเคราะห์	wí-khrór
positioning	การวางตำแหน่งผลิตภัณฑ์	gaan waang dtam-nàeng phà-lìt-dtà-phan
to position (vt)	วางตำแหน่งผลิตภัณฑ์	waang dtam-nàeng phà-lìt-dtà-phan
price	ราคา	raa-khaa
pricing policy	นโยบายการตั้งราคา	ná-yoh-baai gaan dtâng raa-khaa
price formation	การตั้งราคา	gaan dtâng raa-khaa

77. Advertising

advertising	การโฆษณา	gaan khôht-sà-naa
to advertise (vt)	โฆษณา	khôht-sà-naa

budget	งบประมาณ	ngóp bprà-maan
ad, advertisement	การโฆษณา	gaan khôht-sà-naa
TV advertising	การโฆษณาทางทีวี	gaan khôht-sà-naa thaang thee wee
radio advertising	การโฆษณาทางวิทยุ	gaan khôht-sà-naa thaang wít-thá-yú
outdoor advertising	การโฆษณาแบบกลางแจ้ง	gaan khôht-sà-naa bàep glaang jâeng
mass media	สื่อสารมวลชน	sèu săan muan chon
periodical (n)	หนังสือรายคาบ	năng-sĕu raai khâap
image (public appearance)	ภาพลักษณ์	phâap-lák
slogan	คำขวัญ	kham khwăn
motto (maxim)	คติพจน์	khá-dtì phót
campaign	การรณรงค์	gaan ron-ná-rorng
advertising campaign	การรณรงค์โฆษณา	gaan ron-ná-rorng khôht-sà-naa
target group	กลุ่มเป้าหมาย	glùm bpâo-măai
business card	นามบัตร	naam bàt
leaflet (promotional ~)	ใบปลิว	bai bpliw
brochure (e.g., 12 pages ~)	โบรชัวร์	broh-chua
pamphlet	แผ่นพับ	phàen pháp
newsletter	จดหมายข่าว	jòt măai khàao
signboard (store sign, etc.)	ป้ายร้าน	bpâai ráan
poster	โปสเตอร์	bpòht-dtêr
billboard	กระดานปิดประกาศโฆษณา	grà-daan bpìt bprà-gàat khôht-sà-naa

78. Banking

bank	ธนาคาร	thá-naa-khaan
branch (of bank, etc.)	สาขา	săa-khăa
bank clerk, consultant	พนักงานธนาคาร	phá-nák ngaan thá-naa-khaan
manager (director)	ผู้จัดการ	phôo jàt gaan
bank account	บัญชีธนาคาร	ban-chee thá-naa-kaan
account number	หมายเลขบัญชี	măai lâyk ban-chee
checking account	กระแสรายวัน	grà-săe raai wan
savings account	บัญชีออมทรัพย์	ban-chee orm sáp
to open an account	เปิดบัญชี	bpèrt ban-chee
to close the account	ปิดบัญชี	bpìt ban-chee
to deposit into the account	ฝากเงินเข้าบัญชี	fàak ngern khâo ban-chee

to withdraw (vt)	ถอน	thŏrn
deposit	การฝาก	gaan fàak
to make a deposit	ฝาก	fàak
wire transfer	การโอนเงิน	gaan ohn ngern
to wire, to transfer	โอนเงิน	ohn ngern
sum	จำนวนเงินรวม	jam-nuan ngern ruam
How much?	เท่าไหร่?	thâo rài
signature	ลายมือชื่อ	laai meu chêu
to sign (vt)	ลงนาม	long naam
credit card	บัตรเครดิต	bàt khray-dìt
code (PIN code)	รหัส	rá-hàt
credit card number	หมายเลขบัตรเครดิต	mǎai lâyk bàt khray-dìt
ATM	เอทีเอ็ม	ay-thee-em
check	เช็ค	chék
to write a check	เขียนเช็ค	khǐan chék
checkbook	สมุดเช็ค	sà-mùt chék
loan (bank ~)	เงินกู้	ngern gôo
to apply for a loan	ขอสินเชื่อ	khǒr sǐn chêua
to get a loan	กู้เงิน	gôo ngern
to give a loan	ให้กู้เงิน	hâi gôo ngern
guarantee	การรับประกัน	gaan ráp bprà-gan

79. Telephone. Phone conversation

telephone	โทรศัพท์	thoh-rá-sàp
cell phone	มือถือ	meu thěu
answering machine	เครื่องพูดตอบ	khrêuang phôot dtòp
to call (by phone)	โทรศัพท์	thoh-rá-sàp
phone call	การโทรศัพท์	gaan thoh-rá-sàp
to dial a number	หมุนหมายเลขโทรศัพท์	mǔn mǎai lâyk thoh-rá-sàp
Hello!	สวัสดี!	sà-wàt-dee
to ask (vt)	ถาม	thǎam
to answer (vi, vt)	รับสาย	ráp sǎai
to hear (vt)	ได้ยิน	dâai yin
well (adv)	ดี	dee
not well (adv)	ไม่ดี	mâi dee
noises (interference)	เสียงรบกวน	sǐang róp guan
receiver	ตัวรับสัญญาณ	dtua ráp sǎn-yaan
to pick up (~ the phone)	รับสาย	ráp sǎai
to hang up (~ the phone)	วางสาย	waang sǎai
busy (engaged)	ไม่ว่าง	mâi wâang

to ring (ab. phone)	ดัง	dang
telephone book	สมุดโทรศัพท์	sà-mùt thoh-rá-sàp
local (adj)	ในประเทศ	nai bprà-thâyt
local call	โทรในประเทศ	thoh nai bprà-thâyt
long distance (~ call)	ระยะไกล	rá-yá glai
long-distance call	โทรระยะไกล	thoh-rá-yá glai
international (adj)	ตางประเทศ	dtàang bprà-thâyt
international call	โทรตางประเทศ	thoh dtàang bprà-thâyt

80. Cell phone

cell phone	มือถือ	meu thěu
display	หนาจอ	nâa jor
button	ปุม	bpùm
SIM card	ซิมการด	sím gàat
battery	แบตเตอรี่	bàet-dter-rêe
to be dead (battery)	หมด	mòt
charger	ที่ชารจ	thêe châat
menu	เมนู	may-noo
settings	การตั้งคา	gaan dtâng khâa
tune (melody)	เสียงเพลง	sǐang phlayng
to select (vt)	เลือก	lêuak
calculator	เครื่องคิดเลข	khrêuang khít lâyk
voice mail	ขอความเสียง	khôr khwaam sǐang
alarm clock	นาฬิกาปลุก	naa-lí-gaa bplùk
contacts	รายชื่อผูติดตอ	raai chêu phôo dtìt dtòr
SMS (text message)	SMS	es-e-mes
subscriber	ผูสมัครรับบริการ	phôo sà-màk ráp bor-rí-gaan

81. Stationery

ballpoint pen	ปากกาลูกลื่น	bpàak gaa lôok lêun
fountain pen	ปากกาหมึกซึม	bpàak gaa mèuk seum
pencil	ดินสอ	din-sǒr
highlighter	ปากกาเนน	bpàak gaa náyn
felt-tip pen	ปากกาเมจิค	bpàak gaa may jìk
notepad	สมุดจด	sà-mùt jòt
agenda (diary)	สมุดบันทึกรายวัน	sà-mùt ban-théuk raai wan
ruler	ไมบรรทัด	máai ban-thát
calculator	เครื่องคิดเลข	khrêuang khít lâyk

eraser	ยางลบ	yaang lóp
thumbtack	เป๊ก	bpáyk
paper clip	ลวดหนีบกระดาษ	lûat nèep grà-dàat

glue	กาว	gaao
stapler	ที่เย็บกระดาษ	thêe yép grà-dàat
hole punch	ที่เจาะรูกระดาษ	thêe jòr roo grà-dàat
pencil sharpener	ที่เหลาดินสอ	thêe lǎo din-sǒr

82. Kinds of business

accounting services	บริการทำบัญชี	bor-rí-gaan tham ban-chee
advertising	การโฆษณา	gaan khôht-sà-naa
advertising agency	บริษัทโฆษณา	bor-rí-sàt khôht-sà-naa
air-conditioners	เครื่องปรับอากาศ	khrêuang bpràp-aa-gàat
airline	สายการบิน	sǎai gaan bin

alcoholic beverages	เครื่องดื่มแอลกอฮอล์	khrêuang dèum aen-gor-hor
antiques (antique dealers)	ของเก่า	khǒrng gào
art gallery (contemporary ~)	หอศิลป์	hǒr sǐn
audit services	บริการตรวจสอบบัญชี	bor-rí-gaan dtrùat sòrp ban-chee

banking industry	การธนาคาร	gaan thá-naa-khaan
bar	บาร์	baa
beauty parlor	ช่างเสริมสวย	châang sěrm sǔay
bookstore	ร้านขายหนังสือ	ráan khǎai nǎng-sěu
brewery	โรงงานต้มเหล้า	rohng ngaan dtôm lâu
business center	ศูนย์ธุรกิจ	sǒon thú-rá gìt
business school	โรงเรียนธุรกิจ	rohng rian thú-rá gìt

casino	คาสิโน	khaa-sì-noh
construction	การก่อสร้าง	gaan gòr sâang
consulting	การปรึกษา	gaan bprèuk-sǎa

dental clinic	คลินิกทันตกรรม	khlí-nìk than-ta-gam
design	การออกแบบ	gaan òrk bàep
drugstore, pharmacy	ร้านขายยา	ráan khǎai yaa
dry cleaners	ร้านซักแห้ง	ráan sák hâeng
employment agency	สำนักงานจัดหางาน	sǎm-nák ngaan jàt hǎa ngaan

financial services	บริการด้านการเงิน	bor-rí-gaan dâan gaan ngern
food products	ผลิตภัณฑ์อาหาร	phà-lìt-dtà-phan aa hǎan
funeral home	บริษัทรับจัดงานศพ	bor-rí-sàt ráp jàt ngaan sòp
furniture (e.g., house ~)	เครื่องเรือน	khrêuang reuan

clothing, garment	เสื้อผ้า	sêua phâa
hotel	โรงแรม	rohng raem
ice-cream	ไอศกรีม	ai-sà-greem
industry (manufacturing)	อุตสาหกรรม	út-saa há-gam
insurance	การประกัน	gaan bprà-gan
Internet	อินเทอร์เน็ต	in-thêr-nét
investments (finance)	การลงทุน	gaan long thun
jeweler	ช่างทำเครื่องเพชรพลอย	châang tham khrêuang phét phloi
jewelry	เครื่องเพชรพลอย	khrêuang phét phloi
laundry (shop)	โรงซักรีดผ้า	rohng sák rêet phâa
legal advisor	คนที่ปรึกษาทางกฎหมาย	khon thêe bprèuk-sǎa thaang gòt mǎai
light industry	อุตสาหกรรมเบา	ùt-sǎa-hà-gam bao
magazine	นิตยสาร	nít-dtà-yá-sǎan
mail order selling	การขายสินค้าทางไปรษณีย์	gaan khǎai sǐn kháa thaang bprai-sà-nee
medicine	การแพทย์	gaan phâet
movie theater	โรงภาพยนตร์	rohng phâap-phá-yon
museum	พิพิธภัณฑ์	phí-phítha phan
news agency	สำนักข่าว	sǎm-nák khàao
newspaper	หนังสือพิมพ์	nǎng-sěu phim
nightclub	ไนท์คลับ	nai-khláp
oil (petroleum)	น้ำมัน	nám man
courier services	บริการจัดส่ง	bor-rí-gaan jàt sòng
pharmaceutics	เภสัชกรรม	phay-sàt-cha -gam
printing (industry)	สิ่งพิมพ์	sìng phim
publishing house	สำนักพิมพ์	sǎm-nák phim
radio (~ station)	วิทยุ	wít-thá-yú
real estate	อสังหาริมทรัพย์	a-sǎng-hǎa-rim-má-sáp
restaurant	ร้านอาหาร	ráan aa-hǎan
security company	บริษัทรักษาความปลอดภัย	bor-rí-sàt rák-sǎa khwaam bplòrt phai
sports	กีฬา	gee-laa
stock exchange	ตลาดหลักทรัพย์	dtà-làat làk sáp
store	ร้านค้า	ráan kháa
supermarket	ซูเปอร์มาร์เก็ต	soo-bper-maa-gèt
swimming pool (public ~)	สระว่ายน้ำ	sà wâai náam
tailor shop	ร้านตัดเสื้อ	ráan dtàt sêua
television	โทรทัศน์	thoh-rá-thát
theater	โรงละคร	rohng lá-khon
trade (commerce)	การค้าขาย	gaan kháa kǎai
transportation	การขนส่ง	gaan khǒn sòng
travel	การท่องเที่ยว	gaan thôrng thîeow

veterinarian	สัตวแพทย์	sàt phâet
warehouse	โกดังเก็บสินค้า	goh-dang gèp sǐn kháa
waste collection	การเก็บขยะ	gaan gèp khà-yà

Job. Business. Part 2

83. Show. Exhibition

exhibition, show	งานแสดง	ngaan sà-daeng
trade show	งานแสดงสินค้า	ngaan sà-daeng sĭn kháa
participation	การเข้าร่วม	gaan khâo rûam
to participate (vi)	เข้าร่วมใน	khâo rûam nai
participant (exhibitor)	ผู้เขารวม	phôo khâo rûam
director	ผู้อำนวยการ	phôo am-nuay gaan
organizers' office	สำนักงานผู้จัด	săm-nák ngaan phôo jàt
organizer	ผู้จัด	phôo jàt
to organize (vt)	จัด	jàt
participation form	แบบฟอร์มลงทะเบียน	bàep form long thá-bian
to fill out (vt)	กรอก	gròrk
details	รายละเอียด	raai lá-ìat
information	ข้อมูล	khôr moon
price (cost, rate)	ราคา	raa-khaa
including	รวมถึง	ruam thĕung
to include (vt)	รวม	ruam
to pay (vi, vt)	จ่าย	jàai
registration fee	ค่าลงทะเบียน	khâa long thá-bian
entrance	ทางเข้า	thaang khâo
pavilion, hall	ศาลา	săa-laa
to register (vt)	ลงทะเบียน	long thá-bian
badge (identity tag)	ป้ายชื่อ	bpâai chêu
booth, stand	บูธแสดงสินค้า	bòot sà-daeng sĭn kháa
to reserve, to book	จอง	jorng
display case	ตู้โชว์สินค้า	dtôo choh sĭn kháa
spotlight	ไฟรวมแสงบนเวที	fai ruam săeng bon way-thee
design	การออกแบบ	gaan òrk bàep
to place (put, set)	วาง	waang
to be placed	ถูกตั้ง	thòok dtâng
distributor	ผู้จัดจำหน่าย	phôo jàt jam-nàai
supplier	ผู้จัดหา	phôo jàt hăa
to supply (vt)	จัดหา	jàt hăa
country	ประเทศ	bprà-thâyt

| foreign (adj) | ต่างชาติ | dtàang châat |
| product | ผลิตภัณฑ์ | phà-lìt-dtà-phan |

association	สมาคม	sà-maa khom
conference hall	ห้องประชุม	hôrng bprà-chum
congress	การประชุม	gaan bprà-chum
contest (competition)	การแข่งขัน	gaan khàeng khǎn

visitor (attendee)	ผู้เข้าร่วม	phôo khâo rûam
to visit (attend)	เข้าร่วม	khâo rûam
customer	ลูกค้า	lôok kháa

84. Science. Research. Scientists

science	วิทยาศาสตร์	wít-thá-yaa sàat
scientific (adj)	ทางวิทยาศาสตร์	thaang wít-thá-yaa sàat
scientist	นักวิทยาศาสตร	nák wít-thá-yaa sàat
theory	ทฤษฎี	thrít-sà-dee

axiom	สัจพจน์	sàt-jà-phót
analysis	การวิเคราะห์	gaan wí-khrór
to analyze (vt)	วิเคราะห์	wí-khrór
argument (strong ~)	ข้อโต้แย้ง	khôr dtôh yáeng
substance (matter)	สาร	sǎan

hypothesis	สมมติฐาน	sǒm-mút thǎan
dilemma	โจทย์	jòht
dissertation	ปริญญานิพนธ์	bpà-rin-yaa ní-phon
dogma	หลัก	làk

doctrine	หลักคำสอน	làk kham sǒrn
research	การวิจัย	gaan wí-jai
to research (vt)	วิจัย	wí-jai
tests (laboratory ~)	การควบคุม	gaan khûap khum
laboratory	ห้องทดลอง	hôrng thót lorng

method	วิธี	wí-thee
molecule	โมเลกุล	moh-lay-gun
monitoring	การเฝ้าสังเกต	gaan fâo sǎng-gàyt
discovery (act, event)	การค้นพบ	gaan khón phóp

postulate	สัจพจน์	sàt-jà-phót
principle	หลักการ	làk gaan
forecast	การคาดการณ์	gaan khâat gaan
to forecast (vt)	คาดการณ์	khâat gaan

synthesis	การสังเคราะห์	gaan sǎng-khrór
trend (tendency)	แนวโน้ม	naew nóhm
theorem	ทฤษฎีบท	thrít-sà-dee bòt
teachings	คำสอน	kham sǒrn

fact	ข้อเท็จจริง	khôr thét jing
expedition	การสำรวจ	gaan săm-rùat
experiment	การทดลอง	gaan thót lorng
academician	นักวิชาการ	nák wí-chaa gaan
bachelor (e.g., ~ of Arts)	บัณฑิต	ban-dìt
doctor (PhD)	ดุษฎีบัณฑิต	dùt-sà-dee ban-dìt
Associate Professor	รองศาสตราจารย์	rorng sàat-sà-dtraa-jaan
Master (e.g., ~ of Arts)	มหาบัณฑิต	má-hăa ban-dìt
professor	ศาสตราจารย์	sàat-sà-dtraa-jaan

Professions and occupations

85. Job search. Dismissal

job	งาน	ngaan
staff (work force)	พนักงาน	phá-nák ngaan
personnel	พนักงาน	phá-nák ngaan
career	อาชีพ	aa-chêep
prospects (chances)	โอกาส	oh-gàat
skills (mastery)	ทักษะ	thák-sà
selection (screening)	การคัดเลือก	gaan khát lêuak
employment agency	สำนักงานจัดหางาน	sǎm-nák ngaan jàt hǎa ngaan
résumé	ประวัติย่อ	bprà-wàt yôr
job interview	สัมภาษณ์งาน	sǎm-phâat ngaan
vacancy, opening	ตำแหน่งว่าง	dtam-nàeng wâang
salary, pay	เงินเดือน	ngern deuan
fixed salary	เงินเดือน	ngern deuan
pay, compensation	คาแรง	khâa raeng
position (job)	ตำแหน่ง	dtam-nàeng
duty (of employee)	หน้าที่	nâa thêe
range of duties	หน้าที่	nâa thêe
busy (I'm ~)	ไม่ว่าง	mâi wâang
to fire (dismiss)	ไล่ออก	lâi òrk
dismissal	การไล่ออก	gaan lâi òrk
unemployment	การว่างงาน	gaan wâang ngaan
unemployed (n)	คนว่างงาน	khon wâang ngaan
retirement	การเกษียณอายุ	gaan gà-sǐan aa-yú
to retire (from job)	เกษียณ	gà-sǐan

86. Business people

director	ผู้อำนวยการ	phôo am-nuay gaan
manager (director)	ผู้จัดการ	phôo jàt gaan
boss	หัวหน้า	hǔa-nâa
superior	ผู้บังคับบัญชา	phôo bang-kháp ban-chaa
superiors	คณะผู้บังคับบัญชา	khá-ná phôo bang-kháp ban-chaa

| president | ประธานาธิบดี | bprà-thaa-naa-thí-bor-dee |
| chairman | ประธาน | bprà-thaan |

deputy (substitute)	รอง	rorng
assistant	ผู้ช่วย	phôo chûay
secretary	เลขา	lay-khăa
personal assistant	ผู้ช่วยส่วนบุคคล	phôo chûay sùan bùk-khon

businessman	นักธุรกิจ	nák thú-rá-gìt
entrepreneur	ผู้ประกอบการ	phôo bprà-gòp gaan
founder	ผู้ก่อตั้ง	phôo gòr dtâng
to found (vt)	ก่อตั้ง	gòr dtâng

incorporator	ผู้ก่อตั้ง	phôo gòr dtâng
partner	หุ้นส่วน	hûn sùan
stockholder	ผู้ถือหุ้น	phôo thěu hûn

millionaire	เศรษฐีเงินล้าน	sàyt-thěe ngern láan
billionaire	มหาเศรษฐี	má-hăa sàyt-thěe
owner, proprietor	เจ้าของ	jâo khŏrng
landowner	เจ้าของที่ดิน	jâo khŏrng thêe din

client	ลูกค้า	lôok kháa
regular client	ลูกค้าประจำ	lôok kháa bprà-jam
buyer (customer)	ลูกค้า	lôok kháa
visitor	ผู้เข้าร่วม	phôo khâo rûam

professional (n)	ผู้เป็นมืออาชีพ	phôo bpen meu aa-chêep
expert	ผู้เชี่ยวชาญ	phôo chîeow-chaan
specialist	ผู้ชำนาญเฉพาะทาง	phôo cham-naan chà-phó thaang

| banker | พนักงานธนาคาร | phá-nák ngaan thá-naa-khaan |
| broker | นายหน้า | naai nâa |

cashier, teller	แคชเชียร์	khâet chia
accountant	นักบัญชี	nák ban-chee
security guard	ยาม	yaam

investor	ผู้ลงทุน	phôo long thun
debtor	ลูกหนี้	lôok nêe
creditor	เจ้าหนี้	jâo nêe
borrower	ผู้ยืม	phôo yeum

| importer | ผู้นำเข้า | phôo nam khâo |
| exporter | ผู้ส่งออก | phôo sòng òrk |

manufacturer	ผู้ผลิต	phôo phà-lìt
distributor	ผู้จัดจำหน่าย	phôo jàt jam-nàai
middleman	คนกลาง	khon glaang

consultant	ที่ปรึกษา	thêe bprèuk-săa
sales representative	พนักงานขาย	phá-nák ngaan khăai
agent	ตัวแทน	dtua thaen
insurance agent	ตัวแทนประกัน	dtua thaen bprà-gan

87. Service professions

cook	ดูนครัว	khon khrua
chef (kitchen chef)	กุก	gúk
baker	ช่างอบขนมปัง	châang òp khà-nŏm bpang
bartender	บาร์เทนเดอร์	baa-thayn-dêr
waiter	พนักงานเสิร์ฟชาย	phá-nák ngaan sèrf chaai
waitress	พนักงานเสิร์ฟหญิง	phá-nák ngaan sèrf yĭng
lawyer, attorney	ทนายความ	thá-naai khwaam
lawyer (legal expert)	นักกฎหมาย	nák gòt măai
notary public	พนักงานจดทะเบียน	phá-nák ngaan jòt thá-bian
electrician	ช่างไฟฟ้า	châang fai-fáa
plumber	ช่างประปา	châang bprà-bpaa
carpenter	ช่างไม้	châang máai
masseur	หมอนวดชาย	mŏr nûat chaai
masseuse	หมอนวดหญิง	mŏr nûat yĭng
doctor	แพทย์	phâet
taxi driver	คนขับแท็กซี่	khon khàp tháek-sêe
driver	คนขับ	khon khàp
delivery man	คนส่งของ	khon sòng khŏrng
chambermaid	แม่บ้าน	mâe bâan
security guard	ยาม	yaam
flight attendant (fem.)	พนักงานต้อนรับบนเครื่องบิน	phá-nák ngaan dtôrn ráp bon khrêuang bin
schoolteacher	อาจารย์	aa-jaan
librarian	บรรณารักษ์	ban-naa-rák
translator	นักแปล	nák bplae
interpreter	ล่าม	lâam
guide	มัคคุเทศก์	mák-khú-thâyt
hairdresser	ช่างทำผม	châang tham phŏm
mailman	บุรุษไปรษณีย์	bù-rùt bprai-sà-nee
salesman (store staff)	คนขายของ	khon khăai khŏrng
gardener	ชาวสวน	chaao sŭan
domestic servant	คนใช้	khon chái
maid (female servant)	สาวใช้	săao chái
cleaner (cleaning lady)	คนทำความสะอาด	khon tham khwaam sà-àat

88. Military professions and ranks

private	พลทหาร	phon-thá-hǎan
sergeant	สิบเอก	sìp àyk
lieutenant	ร้อยโท	rói thoh
captain	ร้อยเอก	rói àyk
major	พลตรี	phon-dtree
colonel	พันเอก	phan àyk
general	นายพล	naai phon
marshal	จอมพล	jorm phon
admiral	พลเรือเอก	phon reua àyk
military (n)	ทางทหาร	thaang thá-hǎan
soldier	ทหาร	thá-hǎan
officer	นายทหาร	naai thá-hǎan
commander	ผู้บัญชาการ	phôo ban-chaa gaan
border guard	ยามเฝ้าชายแดน	yaam fâo chaai daen
radio operator	พลวิทยุ	phon wít-thá-yú
scout (searcher)	ทหารพราน	thá-hǎan phraan
pioneer (sapper)	ทหารช่าง	thá-hǎan châang
marksman	พูลแมนปืน	phon mâen bpeun
navigator	ตนหน	dtôn hǒn

89. Officials. Priests

king	กษัตริย์	gà-sàt
queen	ราชินี	raa-chí-nee
prince	เจ้าชาย	jâo chaai
princess	เจ้าหญิง	jâo yĭng
czar	ซาร์	saa
czarina	ซารีนา	saa-ree-naa
president	ประธานาธิบดี	bprà-thaa-naa-thí-bor-dee
Secretary (minister)	รัฐมนตรี	rát-thà-mon-dtree
prime minister	นายกรัฐมนตรี	naa-yók rát-thà-mon-dtree
senator	สมาชิกวุฒิสภา	sà-maa-chík wút-thí sà-phaa
diplomat	นักการทูต	nák gaan thôot
consul	กงสุล	gong-sǔn
ambassador	เอกอัคราชทูต	àyk-gà-àk-krá-râat-chá-tôot
counselor (diplomatic officer)	เจ้าหน้าที่การทูต	jâo nâa-thêe gaan thôot
official, functionary (civil servant)	ข้าราชการ	khâa râat-chá-gaan

prefect	เจ้าหน้าที่	jâo nâa-thêe
mayor	นายกเทศมนตรี	naa-yók thâyt-sà-mon-dtree

judge	ผู้พิพากษา	phôo phí-phâak-sǎa
prosecutor (e.g., district attorney)	อัยการ	ai-yá-gaan

missionary	ผู้สอนศาสนา	phôo sǒrn sàat-sà-nǎa
monk	พระ	phrá
abbot	เจ้าอาวาส	jâo aa-wâat
rabbi	พระในศาสนายิว	phrá nai sàat-sà-nǎa yiw

vizier	วีซีร์	wee see
shah	กษัตริย์อิหร่าน	gà-sàt i-ràan
sheikh	หัวหน้าเผ่าอาหรับ	hǔa nâa phào aa-ràp

90. Agricultural professions

beekeeper	คนเลี้ยงผึ้ง	khon líang phêung
herder, shepherd	คนเลี้ยงปศุสัตว์	khon líang bpà-sù-sàt
agronomist	นักปฐพีวิทยา	nák bpà-tà-phee wít-thá-yaa
cattle breeder	ผู้ขยายพันธุ์สัตว์	phôo khà-yǎai phan sàt
veterinarian	สัตวแพทย์	sàt phâet

farmer	ชาวนา	chaao naa
winemaker	ผู้ผลิตไวน์	phôo phà-lìt wai
zoologist	นักสัตววิทยา	nák sàt wít-thá-yaa
cowboy	โคบาล	khoh-baan

91. Art professions

actor	นักแสดงชาย	nák sà-daeng chaai
actress	นักแสดงหญิง	nák sà-daeng yǐng

singer (masc.)	นักร้องชาย	nák rórng chaai
singer (fem.)	นักร้องหญิง	nák rórng yǐng

dancer (masc.)	นักเต้นชาย	nák dtên chaai
dancer (fem.)	นักเต้นหญิง	nák dtên yǐng

performer (masc.)	นักแสดงชาย	nák sà-daeng chaai
performer (fem.)	นักแสดงหญิง	nák sà-daeng yǐng

musician	นักดนตรี	nák don-dtree
pianist	นักเปียโน	nák bpia noh
guitar player	ผู้เล่นกีตาร์	phôo lên gee-dtâa

conductor (orchestra ~)	ผู้ควบคุมวงดนตรี	phôo khûap khum wong don-dtree
composer	นักแต่งเพลง	nák dtàeng phlayng
impresario	ผู้ควบคุมการแสดง	phôo khûap khum gaan sà-daeng
film director	ผู้กำกับภาพยนตร์	phôo gam-gàp phâap-phá-yon
producer	ผู้อำนวยการสร้าง	phôo am-nuay gaan sâang
scriptwriter	คนเขียนบทภาพยนตร์	khon khĭan bòt phâap-phá-yon
critic	นักวิจารณ์	nák wí-jaan
writer	นักเขียน	nák khĭan
poet	นักกวี	nák gà-wee
sculptor	ช่างสลัก	châang sà-làk
artist (painter)	ช่างวาดรูป	châang wâat rôop
juggler	นักมายากลโยนของ	nák maa-yaa gon yohn khŏrng
clown	ตัวตลก	dtua dtà-lòk
acrobat	นักกายกรรม	nák gaai-yá-gam
magician	นักเล่นกล	nák lên gon

92. Various professions

doctor	แพทย์	phâet
nurse	พยาบาล	phá-yaa-baan
psychiatrist	จิตแพทย์	jìt-dtà-phâet
dentist	ทันตแพทย์	than-dtà phâet
surgeon	ศัลยแพทย์	săn-yá-phâet
astronaut	นักบินอวกาศ	nák bin a-wá-gàat
astronomer	นักดาราศาสตร์	nák daa-raa sàat
pilot	นักบิน	nák bin
driver (of taxi, etc.)	คนขับ	khon khàp
engineer (train driver)	คุนขับรถไฟ	khon khàp rót fai
mechanic	ช่างเครื่อง	châang khrêuang
miner	คนงานเหมือง	khon ngaan mĕuang
worker	คุนงาน	khon ngaan
locksmith	ช่างโลหะ	châang loh-hà
joiner (carpenter)	ช่างไม้	châang máai
turner (lathe operator)	ช่างกลึง	châang gleung
construction worker	คุนงานก่อสร้าง	khon ngaan gòr sâang
welder	ช่างเชื่อม	châang chêuam
professor (title)	ศาสตราจารย์	sàat-sà-dtraa-jaan
architect	สถาปนิก	sà-thăa-bpà-ník

historian	นักประวัติศาสตร์	nák bprà-wàt sàat
scientist	นักวิทยาศาสตร์	nák wít-thá-yaa sàat
physicist	นักฟิสิกส์	nák fí-sìk
chemist (scientist)	นักเคมี	nák khay-mee
archeologist	นักโบราณคดี	nák boh-raan-ná-khá-dee
geologist	นักธรณีวิทยา	nák thor-rá-nee wít-thá-yaa
researcher (scientist)	ผู้วิจัย	phôo wí-jai
babysitter	พี่เลี้ยงเด็ก	phêe líang dèk
teacher, educator	อาจารย์	aa-jaan
editor	บรรณาธิการ	ban-naa-thí-gaan
editor-in-chief	หัวหน้าบรรณาธิการ	hǔa nâa ban-naa-thí-gaan
correspondent	ผู้สื่อข่าว	phôo sèu khàao
typist (fem.)	พนักงานพิมพ์ดีด	phá-nák ngaan phim dèet
designer	นักออกแบบ	nák òrk bàep
computer expert	ผู้เชี่ยวชาญด้านคอมพิวเตอร์	pôo chîeow-chaan dâan khorm-piw-dtêr
programmer	นักเขียนโปรแกรม	nák khǐan bproh-graem
engineer (designer)	วิศวกร	wít-sà-wá-gon
sailor	กะลาสี	gà-laa-sěe
seaman	คนเรือ	khon reua
rescuer	นักกู้ภัย	nák gôo phai
fireman	เจ้าหน้าที่ดับเพลิง	jâo nâa-thêe dàp phlerng
police officer	เจ้าหน้าที่ตำรวจ	jâo nâa-thêe dtam-rùat
watchman	คนยาม	khon yaam
detective	นักสืบ	nák sèup
customs officer	เจ้าหน้าที่ศุลกากร	jâo nâa-thêe sǔn-lá-gaa-gon
bodyguard	ผู้คุ้มกัน	phôo khúm gan
prison guard	ผู้คุม	phôo khum
inspector	ผู้ตรวจการ	phôo dtrùat gaan
sportsman	นักกีฬา	nák gee-laa
trainer, coach	โค้ช	khóht
butcher	คนขายเนื้อ	khon khǎai néua
cobbler (shoe repairer)	คนซ่อมรองเท้า	khon sôrm rorng tháo
merchant	คนค้า	khon kháa
loader (person)	คนงานยกของ	khon ngaan yók khǒrng
fashion designer	นักออกแบบแฟชั่น	nák òrk bàep fae-chân
model (fem.)	นางแบบ	naang bàep

93. Occupations. Social status

schoolboy	นักเรียน	nák rian
student (college ~)	นักศึกษา	nák sèuk-sǎa
philosopher	นักปราชญ์	nák bpràat
economist	นักเศรษฐศาสตร์	nák sàyt-thà-sàat
inventor	นักประดิษฐ์	nák bprà-dìt
unemployed (n)	คนว่างงาน	khon wâang ngaan
retiree	ผู้เกษียณอายุ	phôo gà-sǐan aa-yú
spy, secret agent	สายลับ	sǎai láp
prisoner	นักโทษ	nák thôht
striker	คนนัดหยุดงาน	kon nát yùt ngaan
bureaucrat	อำมาตย์	am-màat
traveler (globetrotter)	นักเดินทาง	nák dern-thaang
gay, homosexual (n)	ผู้รักเพศเดียวกัน	phôo rák phâyt dieow gan
hacker	แฮ็กเกอร์	háek-gêr
hippie	ฮิปปี้	híp-bpêe
bandit	โจร	john
hit man, killer	นักฆ่า	nák khâa
drug addict	ผู้ติดยาเสพติด	phôo dtìt yaa-sàyp-dtìt
drug dealer	ผู้ค้ายาเสพติด	phôo kháa yaa-sàyp-dtìt
prostitute (fem.)	โสเภณี	sǒh-phay-nee
pimp	แมงดา	maeng-daa
sorcerer	พ่อมด	phôr mót
sorceress (evil ~)	แมมด	mâe mót
pirate	โจรสลัด	john sà-làt
slave	ทาส	thâat
samurai	ซามูไร	saa-moo-rai
savage (primitive)	คนป่าเถื่อน	khon bpàa thèuan

Education

94. School

school	โรงเรียน	rohng rian
principal (headmaster)	อาจารย์ใหญ่	aa-jaan yài
pupil (boy)	นักเรียน	nák rian
pupil (girl)	นักเรียน	nák rian
schoolboy	เด็กนักเรียนชาย	dèk nák rian chaai
schoolgirl	เด็กนักเรียนหญิง	dèk nák rian yĭng
to teach (sb)	สอน	sŏrn
to learn (language, etc.)	เรียน	rian
to learn by heart	ท่องจำ	thôrng jam
to learn (~ to count, etc.)	เรียน	rian
to be in school	ไปโรงเรียน	bpai rohng rian
to go to school	ไปโรงเรียน	bpai rohng rian
alphabet	ตัวอักษร	dtua àk-sŏn
subject (at school)	วิชา	wí-chaa
classroom	ห้องเรียน	hôrng rian
lesson	ชั่วโมงเรียน	chûa mohng rian
recess	ช่วงพัก	chûang phák
school bell	สัญญาณหมดเรียน	săn-yaan mòt rian
school desk	โต๊ะนักเรียน	dtó nák rian
chalkboard	กระดานดำ	grà-daan dam
grade	เกรด	gràyt
good grade	เกรดดี	gràyt dee
bad grade	เกรดแย่	gràyt yâe
to give a grade	ให้เกรด	hâi gràyt
mistake, error	ข้อผิดพลาด	khôr phìt phlâat
to make mistakes	ทำผิดพลาด	tham phìt phlâat
to correct (an error)	แก้ไข	gâe khăi
cheat sheet	โพย	phoi
homework	การบ้าน	gaan bâan
exercise (in education)	แบบฝึกหัด	bàep fèuk hàt
to be present	มาเรียน	maa rian
to be absent	ขาด	khàat
to miss school	ขาดเรียน	khàat rian

to punish (vt)	ลงโทษ	long thôht
punishment	การลงโทษ	gaan long thôht
conduct (behavior)	ความประพฤติ	khwaam bprà-préut
report card	สมุดพก	sà-mùt phók
pencil	ดินสอ	din-sŏr
eraser	ยางลบ	yaang lóp
chalk	ชอล์ค	chôrk
pencil case	กล่องดินสอ	glòrng din-sŏr
schoolbag	กระเป๋า	grà-bpăo
pen	ปากกา	bpàak gaa
school notebook	สมุดจด	sà-mùt jòt
textbook	หนังสือเรียน	năng-sĕu rian
drafting compass	วงเวียน	wong wian
to make technical drawings	ร่างภาพทางเทคนิค	râang phâap thaang thék-nìk
technical drawing	ภาพร่างทางเทคนิค	phâap-râang thaang thék-nìk
poem	กลอน	glorn
by heart (adv)	โดยท่องจำ	doi thôrng jam
to learn by heart	ท่องจำ	thôrng jam
school vacation	เวลาปิดเทอม	way-laa bpìt therm
to be on vacation	หยุดปิดเทอม	yùt bpìt therm
to spend one's vacation	ใช้เวลาหยุดปิดเทอม	chái way-laa yùt bpìt therm
test (written math ~)	การทดสอบ	gaan thót sòrp
essay (composition)	ความเรียง	khwaam riang
dictation	การเขียนตามคำบอก	gaan khĭan dtaam kam bòrk
exam (examination)	การสอบ	gaan sòrp
to take an exam	สอบไล่	sòrp lâi
experiment (e.g., chemistry ~)	การทดลอง	gaan thót lorng

95. College. University

academy	โรงเรียน	rohng rian
university	มหาวิทยาลัย	má-hăa wít-thá-yaa-lai
faculty (e.g., ~ of Medicine)	คณะ	khá-ná
student (masc.)	นักศึกษา	nák sèuk-săa
student (fem.)	นักศึกษา	nák sèuk-săa
lecturer (teacher)	อาจารย์	aa-jaan
lecture hall, room	ห้องบรรยาย	hôrng ban-yaai
graduate	บัณฑิต	ban-dìt

diploma	อนุปริญญา	a-nú bpà-rin-yaa
dissertation	ปริญญานิพนธ์	bpà-rin-yaa ní-phon
study (report)	การวิจัย	gaan wí-jai
laboratory	ห้องปฏิบัติการ	hôrng bpà-dtì-bàt gaan
lecture	การบรรยาย	gaan ban-yaai
coursemate	เพื่อนรวมชั้น	phêuan rûam chán
scholarship	ทุน	thun
academic degree	วุฒิการศึกษา	wút-thí gaan sèuk-sǎa

96. Sciences. Disciplines

mathematics	คณิตศาสตร์	khá-nít sàat
algebra	พีชคณิต	phee-chá-khá-nít
geometry	เรขาคณิต	ray-khǎa khá-nít
astronomy	ดาราศาสตร์	daa-raa sàat
biology	ชีววิทยา	chee-wá-wít-thá-yaa
geography	ภูมิศาสตร์	phoo-mí-sàat
geology	ธรณีวิทยา	thor-rá-nee wít-thá-yaa
history	ประวัติศาสตร์	bprà-wàt sàat
medicine	แพทยศาสตร์	phâet-tha-ya-sàat
pedagogy	ครุศาสตร์	khrú sàat
law	ธรรมศาสตร์	tham-ma -sàat
physics	ฟิสิกส์	fí-sìk
chemistry	เคมี	khay-mee
philosophy	ปรัชญา	bpràt-yaa
psychology	จิตวิทยา	jìt-wít-thá-yaa

97. Writing system. Orthography

grammar	ไวยากรณ์	wai-yaa-gon
vocabulary	คำศัพท์	kham sàp
phonetics	การออกเสียง	gaan òrk sǐang
noun	นาม	naam
adjective	คำคุณศัพท์	kham khun-ná-sàp
verb	กริยา	grì-yaa
adverb	คำวิเศษณ์	kham wí-sàyt
pronoun	คำสรรพนาม	kham sàp-phá-naam
interjection	คำอุทาน	kham u-thaan
preposition	คำบุพบท	kham bùp-phá-bòt
root	รากศัพท์	râak sàp
ending	คำลงท้าย	kham long tháai

prefix	คำนำหน้า	kham nam nâa
syllable	พยางค์	phá-yaang
suffix	คำเสริมท้าย	kham sĕrm tháai

| stress mark | เครื่องหมายเน้น | khrêuang măai náyn |
| apostrophe | อะพอสทรอฟี | à-phor-sòt-ror-fee |

period, dot	จุด	jùt
comma	จุลภาค	jun-lá-phâak
semicolon	อัฒภาค	àt-thá-phâak
colon	ทวิภาค	thá-wí phâak
ellipsis	การละไว้	gaan lá wái

| question mark | เครื่องหมายปรัศนี | khrêuang măai bpràt-nee |
| exclamation point | เครื่องหมายอัศเจรีย์ | khrêuang măai àt-sà-jay-ree |

quotation marks	อัญประกาศ	an-yá-bprà-gàat
in quotation marks	ในอัญประกาศ	nai an-yá-bprà-gàat
parenthesis	วงเล็บ	wong lép
in parenthesis	ในวงเล็บ	nai wong lép

hyphen	ยัติภังค์	yát-dtì-phang
dash	ขีดคั่น	khèet khân
space (between words)	ช่องไฟ	chôrng fai

| letter | ตัวอักษร | dtua àk-sŏn |
| capital letter | อักษรตัวใหญ่ | àk-sŏn dtua yài |

| vowel (n) | สระ | sà-ra |
| consonant (n) | พยัญชนะ | phá-yan-chá-ná |

sentence	ประโยค	bprà-yòhk
subject	ภาคประธาน	phâak bprà-thaan
predicate	ภาคแสดง	phâak sà-daeng

line	บรรทัด	ban-thát
on a new line	ที่บรรทัดใหม่	têe ban-thát mài
paragraph	วรรค	wák

word	คำ	kham
group of words	กลุ่มคำ	glùm kham
expression	วลี	wá-lee
synonym	คำพ้องความหมาย	kham phóng khwaam măai
antonym	คำตรงกันข้าม	kham dtrorng gan khâam

rule	กฎ	gòt
exception	ข้อยกเว้น	khôr yok-wâyn
correct (adj)	ถูก	thòok

| conjugation | คอนจูเกชัน | khorn joo gay chan |
| declension | การกระจายคำ | gaan grà-jaai kham |

nominal case	การก	gaa-rók
question	คำถูาม	kham thăam
to underline (vt)	ขีดเส้นใต้	khèet sên dtâi
dotted line	เส้นประ	sên bprà

98. Foreign languages

language	ภาษา	phaa-săa
foreign (adj)	ต่างชาติ	dtàang châat
foreign language	ภาษาต่างชาติ	phaa-săa dtàang châat
to study (vt)	เรียน	rian
to learn (language, etc.)	เรียน	rian
to read (vi, vt)	อ่าน	àan
to speak (vi, vt)	พูด	phôot
to understand (vt)	เข้าใจ	khâo jai
to write (vt)	เขียน	khĭan
fast (adv)	รวดเร็ว	rûat reo
slowly (adv)	อย่างช้า	yàang cháa
fluently (adv)	อย่างคล่อง	yàang khlôrng
rules	กฎ	gòt
grammar	ไวยากรณ์	wai-yaa-gon
vocabulary	คำศัพท์	kham sàp
phonetics	การออกเสียง	gaan òrk sĭang
textbook	หนังสือเรียน	năng-sĕu rian
dictionary	พจนานุกรม	phót-jà-naa-nú-grom
teach-yourself book	หนังสือแบบเรียนด้วยตนเอง	năng-sĕu bàep rian dûay dton ayng
phrasebook	เฟรสบุก	frayt bùk
cassette, tape	เทปคาสเซ็ตต์	thâyp khaas-sét
videotape	วิดีโอ	wí-dee-oh
CD, compact disc	CD	see-dee
DVD	DVD	dee-wee-dee
alphabet	ตัวอักษร	dtua àk-sŏn
to spell (vt)	สะกด	sà-gòt
pronunciation	การออกเสียง	gaan òrk sĭang
accent	สำเนียง	săm-niang
with an accent	มีสำเนียง	mee săm-niang
without an accent	ไม่มีสำเนียง	mâi mee săm-niang
word	คำ	kham
meaning	ความหมาย	khwaam măai
course (e.g., a French ~)	หลักสูตร	làk sòot
to sign up	สมัคร	sà-màk

teacher	อาจารย์	aa-jaan
translation (process)	การแปล	gaan bplae
translation (text, etc.)	คำแปล	kham bplae
translator	นักแปล	nák bplae
interpreter	ล่าม	lâam
polyglot	ผู้รู้หลายภาษา	phôo róo lăai paa-săa
memory	ความทรงจำ	khwaam song jam

Rest. Entertainment. Travel

99. Trip. Travel

tourism, travel	การท่องเที่ยว	gaan thôrng thîeow
tourist	นักท่องเที่ยว	nák thôrng thîeow
trip, voyage	การเดินทาง	gaan dern thaang
adventure	การผจญภัย	gaan phà-jon phai
trip, journey	การเดินทาง	gaan dern thaang
vacation	วันหยุดพักผ่อน	wan yùt phák phòrn
to be on vacation	หยุดพักผอน	yùt phák phòrn
rest	การพัก	gaan phák
train	รถไฟ	rót fai
by train	โดยรถไฟ	doi rót fai
airplane	เครื่องบิน	khrêuang bin
by airplane	โดยเครื่องบิน	doi khrêuang bin
by car	โดยรถยนต์	doi rót-yon
by ship	โดยเรือ	doi reua
luggage	สัมภาระ	sǎm-phaa-rá
suitcase	กระเป๋าเดินทาง	grà-bpǎo dern-thaang
luggage cart	รถขนสัมภาระ	rót khǒn sǎm-phaa-rá
passport	หนังสือเดินทาง	nǎng-sěu dern-thaang
visa	วีซ่า	wee-sâa
ticket	ตั๋ว	dtǔa
air ticket	ตั๋วเครื่องบิน	dtǔa khrêuang bin
guidebook	หนังสือแนะนำ	nǎng-sěu náe nam
map (tourist ~)	แผนที่	phǎen thêe
area (rural ~)	เขต	khàyt
place, site	สถานที่	sà-thǎan thêe
exotica (n)	สิ่งแปลกใหม่	sìng bplàek mài
exotic (adj)	ต่างแดน	dtàang daen
amazing (adj)	น่าประหลาดใจ	nâa bprà-làat jai
group	กลุ่ม	glùm
excursion, sightseeing tour	การเดินทางท่องเที่ยว	gaan dern taang thôrng thîeow
guide (person)	มัคคุเทศก์	mák-khú-thâyt

100. Hotel

hotel	โรงแรม	rohng raem
motel	โรงแรม	rohng raem
three-star (~ hotel)	สามดาว	săam daao
five-star	ห้าดาว	hâa daao
to stay (in a hotel, etc.)	พัก	phák
room	ห้อง	hôrng
single room	ห้องเดี่ยว	hôrng dìeow
double room	ห้องคู่	hôrng khôo
to book a room	จองห้อง	jorng hôrng
half board	พักครึ่งวัน	phák khrêung wan
full board	พักเต็มวัน	phák dtem wan
with bath	มีห้องอาบน้ำ	mee hôrng àap náam
with shower	มีฝักบัว	mee fàk bua
satellite television	โทรทัศน์ดาวเทียม	thoh-rá-thát daao thiam
air-conditioner	เครื่องปรับอากาศ	khrêuang bpràp-aa-gàat
towel	ผ้าเช็ดตัว	phâa chét dtua
key	กุญแจ	gun-jae
administrator	นักบริหาร	nák bor-rí-hăan
chambermaid	แม่บ้าน	mâe bâan
porter, bellboy	พนักงานขนกระเป๋า	phá-nák ngaan khŏn grà-bpăo
doorman	พนักงานเปิดประตู	phá-nák ngaan bpèrt bprà-dtoo
restaurant	ร้านอาหาร	ráan aa-hăan
pub, bar	บาร์	baa
breakfast	อาหารเช้า	aa-hăan cháo
dinner	อาหารเย็น	aa-hăan yen
buffet	บุฟเฟ่ต์	bùf-fây
lobby	ล็อบบี้	lórp-bêe
elevator	ลิฟต์	líf
DO NOT DISTURB	ห้ามรบกวน	hâam róp guan
NO SMOKING	ห้ามสูบบุหรี่	hâam sòop bù rèe

TECHNICAL EQUIPMENT. TRANSPORTATION

Technical equipment

101. Computer

computer	คอมพิวเตอร์	khorm-phiw-dtêr
notebook, laptop	โน้ตบุ๊ค	nóht búk
to turn on	เปิด	bpèrt
to turn off	ปิด	bpìt
keyboard	แป้นพิมพ์	bpâen phim
key	ปุ่ม	bpùm
mouse	เมาส์	mao
mouse pad	แผ่นรองเมาส์	phàen rorng mao
button	ปุ่ม	bpùm
cursor	เคอร์เซอร์	khêr-sêr
monitor	จอมอนิเตอร์	jor mor-ní-dtêr
screen	หน้าจอ	nâa jor
hard disk	ฮาร์ดดิสก์	hâat-dìt
hard disk capacity	ความจุฮาร์ดดิสก์	kwaam jù hâat-dìt
memory	หน่วยความจำ	nùay khwaam jam
random access memory	หน่วยความจำเข้าถึงโดยสุ่ม	nùay khwaam jam khâo thěung doi sùm
file	ไฟล์	fai
folder	โฟลเดอร์	fohl-dêr
to open (vt)	เปิด	bpèrt
to close (vt)	ปิด	bpìt
to save (vt)	บันทึก	ban-théuk
to delete (vt)	ลบ	lóp
to copy (vt)	คัดลอก	khát lôrk
to sort (vt)	จัดเรียง	jàt riang
to transfer (copy)	ทำสำเนา	tham sǎm-nao
program	โปรแกรม	bproh-graem
software	ซอฟต์แวร์	sôf-wae
programmer	นักเขียนโปรแกรม	nák khǐan bproh-graem
to program (vt)	เขียนโปรแกรม	khǐan bproh-graem
hacker	แฮ็กเกอร์	háek-gêr

password	รหัสผ่าน	rá-hàt phàan
virus	ไวรัส	wai-rát
to find, to detect	ตรวจพบ	dtrùat phóp

| byte | ไบท์ | bai |
| megabyte | เมกะไบท์ | may-gà-bai |

| data | ข้อมูล | khôr moon |
| database | ฐานข้อมูล | thăan khôr moon |

cable (USB, etc.)	สายเคเบิล	săai khay-bêrn
to disconnect (vt)	ตัดการเชื่อมต่อ	dtàt gaan chêuam dtòr
to connect (sth to sth)	เชื่อมต่อ	chêuam dtòr

102. Internet. E-mail

Internet	อินเทอร์เน็ต	in-thêr-nét
browser	เบราว์เซอร์	brao-sêr
search engine	โปรแกรมค้นหา	bproh-graem khón hăa
provider	ผู้ให้บริการ	phôo hâi bor-rí-gaan

webmaster	เว็บมาสเตอร์	wép-mâat-dtêr
website	เว็บไซต์	wép sai
webpage	เว็บเพจ	wép phâyt

| address (e-mail ~) | ที่อยู่ | thêe yòo |
| address book | สมุดที่อยู่ | sà-mùt thêe yòo |

mailbox	กล่องจดหมายอีเมลล์	glòrng jòt măai ee-mayn
mail	จดหมาย	jòt măai
full (adj)	เต็ม	dtem

message	ข้อความ	khôr khwaam
incoming messages	ข้อความขาเข้า	khôr khwaam khăa khâo
outgoing messages	ข้อความขาออก	khôr khwaam khăa òrk

sender	ผู้ส่ง	phôo sòng
to send (vt)	ส่ง	sòng
sending (of mail)	การส่ง	gaan sòng

| receiver | ผู้รับ | phôo ráp |
| to receive (vt) | รับ | ráp |

| correspondence | การติดต่อกันทางจดหมาย | gaan dtìt dtòr gan thaang jòt măai |
| to correspond (vi) | ติดต่อกันทางจดหมาย | dtìt dtòr gan thaang jòt măai |

| file | ไฟล์ | fai |
| to download (vt) | ดาวน์โหลด | daao lòht |

to create (vt)	สร้าง	sâang
to delete (vt)	ลบ	lóp
deleted (adj)	ถูกลบ	thòok lóp
connection (ADSL, etc.)	การเชื่อมต่อ	gaan chêuam dtòr
speed	ความเร็ว	khwaam reo
modem	โมเด็ม	moh-dem
access	การเข้าถึง	gaan khâo thěung
port (e.g., input ~)	พอร์ท	phôt
connection (make a ~)	การเชื่อมต่อ	gaan chêuam dtòr
to connect to ... (vi)	เชื่อมต่อกับ...	chêuam dtòr gàp...
to select (vt)	เลือก	lêuak
to search (for ...)	คนหา	khón hǎa

103. Electricity

electricity	ไฟฟ้า	fai fáa
electric, electrical (adj)	ทางไฟฟ้า	thaang fai-fáa
electric power plant	โรงไฟฟ้า	rohng fai-fáa
energy	พลังงาน	phá-lang ngaan
electric power	กำลังไฟฟ้า	gam-lang fai-fáa
light bulb	หลอดไฟฟ้า	lòrt fai fáa
flashlight	ไฟฉาย	fai chǎai
street light	เสาไฟถนน	sǎo fai thà-nǒn
light	ไฟ	fai
to turn on	เปิด	bpèrt
to turn off	ปิด	bpìt
to turn off the light	ปิดไฟ	bpìt fai
to burn out (vi)	ขาด	khàat
short circuit	การลัดวงจร	gaan lát wong-jon
broken wire	สายขาด	sǎai khàat
contact (electrical ~)	สายต่อกัน	sǎai dtòr gan
light switch	สวิตช์ไฟ	sà-wít fai
wall socket	เต้าเสียบปลั๊กไฟ	dtâo sìap bplák fai
plug	ปลั๊กไฟ	bplák fai
extension cord	สายพวงไฟ	sǎai phûang fai
fuse	ฟิวส์	fiw
cable, wire	สายไฟ	sǎai fai
wiring	การเดินสายไฟ	gaan dern sǎai fai
ampere	แอมแปร์	aem-bpae
amperage	กำลังไฟฟ้า	gam-lang fai-fáa
volt	โวลต์	wohn

voltage	แรงดันไฟฟ้า	raeng dan fai fáa
electrical device	เครื่องใช้ไฟฟ้า	khrêuang chái fai fáa
indicator	ตัวระบุ	dtua rá-bù
electrician	ช่างไฟฟ้า	châang fai-fáa
to solder (vt)	บัดกรี	bàt-gree
soldering iron	หัวแร้งบัดกรี	hǔa ráeng bàt-gree
electric current	กระแสไฟฟ้า	grà-sǎe fai fáa

104. Tools

tool, instrument	เครื่องมือ	khrêuang meu
tools	เครื่องมือ	khrêuang meu
equipment (factory ~)	อุปกรณ์	ù-bpà-gon
hammer	ค้อน	khórn
screwdriver	ไขควง	khǎi khuang
ax	ขวาน	khwǎan
saw	เลื่อย	lêuay
to saw (vt)	เลื่อย	lêuay
plane (tool)	กบไสไม้	gòp sǎi máai
to plane (vt)	ไสกบ	sǎi gòp
soldering iron	หัวแร้งบัดกรี	hǔa ráeng bàt-gree
to solder (vt)	บัดกรี	bàt-gree
file (tool)	ตะไบ	dtà-bai
carpenter pincers	คีม	kheem
lineman's pliers	คีมปอกสายไฟ	kheem bpòk sǎai fai
chisel	สิ่ว	sìw
drill bit	หัวสว่าน	hǔa sà-wàan
electric drill	สว่านไฟฟ้า	sà-wàan fai fáa
to drill (vi, vt)	เจาะ	jòr
knife	มีด	mêet
pocket knife	มีดพก	mêet phók
blade	ใบ	bai
sharp (blade, etc.)	คม	khom
dull, blunt (adj)	ทื่อ	thêu
to get blunt (dull)	ทำให้...ทื่อ	tham hâi...thêu
to sharpen (vt)	ลับคม	láp khom
bolt	สลักเกลียว	sà-làk glieow
nut	แหวนสกรู	wǎen sà-groo
thread (of a screw)	เกลียว	glieow
wood screw	สกรู	sà-groo
nail	ตะปู	dtà-bpoo
nailhead	หัวตะปู	hǔa dtà-bpoo

ruler (for measuring)	ไม้บรรทัด	máai ban-thát
tape measure	เทปวัดระยะทาง	thâyp wát rá-yá taang
spirit level	เครื่องวัดระดับน้ำ	khrêuang wát rá-dàp náam
magnifying glass	แว่นขยาย	wâen khà-yǎai
measuring instrument	เครื่องมือวัด	khrêuang meu wát
to measure (vt)	วัด	wát
scale (of thermometer, etc.)	อัตรา	àt-dtraa
readings	ค่ามิเตอร์	khâa mí-dtêr
compressor	เครื่องอัดอากาศ	khrêuang àt aa-gàat
microscope	กล้องจุลทัศน์	glôrng jun-la -thát
pump (e.g., water ~)	ปั๊ม	bpám
robot	หุ่นยนต์	hùn yon
laser	เลเซอร์	lay-sêr
wrench	ประแจ	bprà-jae
adhesive tape	เทปกาว	thâyp gaao
glue	กาว	gaao
sandpaper	กระดาษทราย	grà-dàat saai
spring	สปริง	sà-bpring
magnet	แม่เหล็ก	mâe lèk
gloves	ถุงมือ	thǔng meu
rope	เชือก	chêuak
cord	สาย	sǎai
wire (e.g., telephone ~)	สายไฟ	sǎai fai
cable	สายเคเบิล	sǎai khay-bêrn
sledgehammer	ค้อนขนาดใหญ่	khón khà-nàat yài
prybar	ชะแลง	chá-laeng
ladder	บันได	ban-dai
stepladder	กระได	grà-dai
to screw (tighten)	ขันเกลียวเข้า	khǎn glieow khâo
to unscrew (lid, filter, etc.)	ขันเกลียวออก	khǎn glieow òk
to tighten (e.g., with a clamp)	ขันให้แน่น	khǎn hâi nâen
to glue, to stick	ติดกาว	dtìt gaao
to cut (vt)	ตัด	dtàt
malfunction (fault)	ความผิดพลาด	khwaam phìt phlâat
repair (mending)	การซ่อมแซม	gaan sôrm saem
to repair, to fix (vt)	ซ่อม	sôrm
to adjust (machine, etc.)	ปรับ	bpràp
to check (to examine)	ตรวจ	dtrùat
checking	การตรวจ	gaan dtrùat
readings	คามิเตอร์	khâa mí-dtêr

reliable, solid (machine)	ไว้วางใจได้	wái waang jai dâai
complex (adj)	ซับซ้อน	sáp són
to rust (get rusted)	ขึ้นสนิม	khêun sà-nĭm
rusty, rusted (adj)	เป็นสนิม	bpen sà-nĭm
rust	สนิม	sà-nĭm

Transportation

105. Airplane

airplane	เครื่องบิน	khrêuang bin
air ticket	ตั๋วเครื่องบิน	dtŭa khrêuang bin
airline	สายการบิน	săai gaan bin
airport	สนามบิน	sà-năam bin
supersonic (adj)	ความเร็วเหนือเสียง	khwaam reo nĕua-sĭang
captain	กัปตัน	gàp dtan
crew	ลูกเรือ	lôok reua
pilot	นักบิน	nák bin
flight attendant (fem.)	พนักงานต้อนรับบนเครื่องบิน	phá-nák ngaan dtôrn ráp bon khrêuang bin
navigator	ต้นหน	dtôn hŏn
wings	ปีก	bpèek
tail	หาง	hăang
cockpit	ห้องนักบิน	hôrng nák bin
engine	เครื่องยนต์	khrêuang yon
undercarriage (landing gear)	โครงส่วนล่างของเครื่องบิน	khrorng sùan lâang khŏrng khrêuang bin
turbine	กังหัน	gang-hăn
propeller	ใบพัด	bai phát
black box	กล่องดำ	glòrng dam
yoke (control column)	คันบังคับ	khan bang-kháp
fuel	เชื้อเพลิง	chéua phlerng
safety card	คู่มือความปลอดภัย	khôo meu khwaam bplòt phai
oxygen mask	หน้ากากอ็อกซิเจน	nâa gàak ók sí jayn
uniform	เครื่องแบบ	khrêuang bàep
life vest	เสื้อชูชีพ	sêua choo chêep
parachute	ร่มชูชีพ	rôm choo chêep
takeoff	การบินขึ้น	gaan bin khêun
to take off (vi)	บินขึ้น	bin khêun
runway	ทางวิ่งเครื่องบิน	thaang wîng khrêuang bin
visibility	ทัศนวิสัย	thát sá ná wí-săi
flight (act of flying)	การบิน	gaan bin
altitude	ความสูง	khwaam sŏong
air pocket	หลุมอากาศ	lŭm aa-gàat
seat	ที่นั่ง	thêe nâng

headphones	หูฟัง	hŏo fang
folding tray (tray table)	ถาดพับเก็บได้	thàat pháp gèp dâai
airplane window	หน้าต่างเครื่องบิน	nâa dtàang khrêuang bin
aisle	ทางเดิน	thaang dern

106. Train

train	รถไฟ	rót fai
commuter train	รถไฟชานเมือง	rót fai chaan meuang
express train	รถไฟด่วน	rót fai dùan
diesel locomotive	รถจักรดีเซล	rót jàk dee-sayn
steam locomotive	รถจักรไอน้ำ	rót jàk ai náam
passenger car	ตู้โดยสาร	dtôo doi sǎan
dining car	ตู้เสบียง	dtôo sà-biang
rails	รางรถไฟ	raang rót fai
railroad	ทางรถไฟ	thaang rót fai
railway tie	หมอนรองราง	mǒrn rorng raang
platform (railway ~)	ชานชลา	chaan-chá-laa
track (~ 1, 2, etc.)	ราง	raang
semaphore	ไฟสัญญาณรถไฟ	fai sǎn-yaan rót fai
station	สถานี	sà-thǎa-nee
engineer (train driver)	คนขับรถไฟ	khon khàp rót fai
porter (of luggage)	พนักงานยกกระเป๋า	phá-nák ngaan yók grà-bpǎo
car attendant	พนักงานรถไฟ	phá-nák ngaan rót fai
passenger	ผู้โดยสาร	phôo doi sǎan
conductor (ticket inspector)	พนักงานตรวจตั๋ว	phá-nák ngaan dtrùat dtǔa
corridor (in train)	ทางเดิน	thaang dern
emergency brake	เบรคฉุกเฉิน	bràyk chùk-chěrn
compartment	ตู้นอน	dtôo norn
berth	เตียง	dtiang
upper berth	เตียงบน	dtiang bon
lower berth	เตียงล่าง	dtiang lâang
bed linen, bedding	ชุดเครื่องนอน	chút khrêuang norn
ticket	ตั๋ว	dtǔa
schedule	ตารางเวลา	dtaa-raang way-laa
information display	ฉระดานแสดงข้อมูล	grà daan sà-daeng khôr moon
to leave, to depart	ออกเดินทาง	òrk dern thaang
departure (of train)	การออกเดินทาง	gaan òrk dern thaang
to arrive (ab. train)	มาถึง	maa thěung

arrival	การมาถึง	gaan maa thěung
to arrive by train	มาถึงโดยรถไฟ	maa thěung doi rót fai
to get on the train	ขึ้นรถไฟ	khêun rót fai
to get off the train	ลงจากรถไฟ	long jàak rót fai
train wreck	รถไฟตกราง	rót fai dtòk raang
to derail (vi)	ตกราง	dtòk raang
steam locomotive	หัวรถจักรไอน้ำ	hǔa rót jàk ai náam
stoker, fireman	คนควบคุมเตาไฟ	khon khûap khum dtao fai
firebox	เตาไฟ	dtao fai
coal	ถ่านหิน	thàan hǐn

107. Ship

ship	เรือ	reua
vessel	เรือ	reua
steamship	เรือจักรไอน้ำ	reua jàk ai náam
riverboat	เรือล่องแม่น้ำ	reua lông mâe náam
cruise ship	เรือเดินสมุทร	reua dern sà-mùt
cruiser	เรือลาดตระเวน	reua lâat dtrà-wayn
yacht	เรือยอชต์	reua yôt
tugboat	เรือลากจูง	reua lâak joong
barge	เรือบรรทุก	reua ban-thúk
ferry	เรือข้ามฟาก	reua khâam fâak
sailing ship	เรือใบ	reua bai
brigantine	เรือใบสอง เสากระโดง	reua bai sǒrng sǎo grà-dohng
ice breaker	เรือตัดน้ำแข็ง	reua dtàt náam khǎeng
submarine	เรือดำน้ำ	reua dam náam
boat (flat-bottomed ~)	เรือพาย	reua phaai
dinghy	เรือบดเล็ก	reua bòt lék
lifeboat	เรือชูชีพ	reua choo chêep
motorboat	เรือยนต์	reua yon
captain	กัปตัน	gàp dtan
seaman	นาวิน	naa-win
sailor	คนเรือ	khon reua
crew	กะลาสี	gà-laa-sěe
boatswain	สรั่ง	sà-ràng
ship's boy	คนช่วยงาน ในเรือ	khon chûay ngaan nai reua
cook	กุ๊ก	gúk
ship's doctor	แพทย์เรือ	phâet reua

deck	ดาดฟ้าเรือ	dàat-fáa reua
mast	เสากระโดงเรือ	săo grà-dohng reua
sail	ใบเรือ	bai reua
hold	ท้องเรือ	thórng-reua
bow (prow)	หัวเรือ	hŭa-reua
stern	ทูยเรือ	tháai reua
oar	ไม้พาย	máai phaai
screw propeller	ใบจักร	bai jàk
cabin	ห้องพัก	hôrng phák
wardroom	ห้องอาหาร	hôrng aa-hăan
engine room	ห้องเครื่องยนต์	hôrng khrêuang yon
bridge	สะพานเดินเรือ	sà-phaan dern reua
radio room	ห้องวิทยุ	hôrng wít-thá-yú
wave (radio)	คลื่นความถี่	khlêun khwaam thèe
logbook	สมุดบันทึก	sà-mùt ban-théuk
spyglass	กล้องส่องทางไกล	glôrng sòrng thaang glai
bell	ระฆัง	rá-khang
flag	ธง	thorng
hawser (mooring ~)	เชือก	chêuak
knot (bowline, etc.)	ปม	bpom
deckrails	ราว	raao
gangway	ไม้พาดให้ขึ้นลงเรือ	mái phâat hâi khêun long reua
anchor	สมอ	sà-mŏr
to weigh anchor	ถอนสมอ	thŏrn sà-mŏr
to drop anchor	ทอดสมอ	thôrt sà-mŏr
anchor chain	โซ่สมอเรือ	sôh sà-mŏr reua
port (harbor)	ท่าเรือ	thâa reua
quay, wharf	ท่า	thâa
to berth (moor)	จอดเทียบท่า	jòt thîap tâa
to cast off	ออกจากท่า	òrk jàak tâa
trip, voyage	การเดินทาง	gaan dern thaang
cruise (sea trip)	การล่องเรือ	gaan lôrng reua
course (route)	เส้นทาง	sên thaang
route (itinerary)	เส้นทาง	sên thaang
fairway (safe water channel)	ร่องเรือเดิน	rông reua dern
shallows	โขด	khòht
to run aground	เกยตื้น	goie dtêun
storm	พายุ	phaa-yú
signal	สัญญาณ	săn-yaan
to sink (vi)	ล่ม	lôm

Man overboard!	คนตกเรือ!	kon dtòk reua
SOS (distress signal)	SOS	es-o-es
ring buoy	ห่วงยาง	hùang yaang

108. Airport

airport	สนามบิน	sà-nǎam bin
airplane	เครื่องบิน	khrêuang bin
airline	สายการบิน	sǎai gaan bin
air traffic controller	เจ้าหน้าที่ควบคุมจราจรทางอากาศ	jâo nâa-thêe khûap khum jà-raa-jon thaang aa-gàat
departure	การออกเดินทาง	gaan òrk dern thaang
arrival	การมาถึง	gaan maa thěung
to arrive (by plane)	มาถึง	maa thěung
departure time	เวลาขาไป	way-laa khǎa bpai
arrival time	เวลามาถึง	way-laa maa thěung
to be delayed	ถูกเลื่อน	thòok lêuan
flight delay	เลื่อนเที่ยวบิน	lêuan thieow bin
information board	กระดานแสดงข้อมูล	grà daan sà-daeng khôr moon
information	ข้อมูล	khôr moon
to announce (vt)	ประกาศ	bprà-gàat
flight (e.g., next ~)	เที่ยวบิน	thîeow bin
customs	ศุลกากร	sǔn-lá-gaa-gon
customs officer	เจ้าหน้าที่ศุลกากร	jâo nâa-thêe sǔn-lá-gaa-gon
customs declaration	แบบฟอร์มการเสียภาษีศุลกากร	bàep form gaan sǐa phaa-sěe sǔn-lá-gaa-gon
to fill out (vt)	กรอก	gròrk
to fill out the declaration	กรอกแบบฟอร์มการเสียภาษี	gròrk bàep form gaan sǐa paa-sěe
passport control	จุดตรวจหนังสือเดินทาง	jùt dtrùat nǎng-sěu dern-thaang
luggage	สัมภาระ	sǎm-phaa-rá
hand luggage	กระเป๋าถือ	grà-bpǎo thěu
luggage cart	รถขนสัมภาระ	rót khǒn sǎm-phaa-rá
landing	การลงจอด	gaan long jòrt
landing strip	ลานบินลงจอด	laan bin long jòrt
to land (vi)	ลงจอด	long jòrt
airstair (passenger stair)	ทางขึ้นลงเครื่องบิน	thaang khêun long khrêuang bin
check-in	การเช็คอิน	gaan chék in

check-in counter	เคาน์เตอร์เช็คอิน	khao-dtêr chék in
to check-in (vi)	เช็คอิน	chék in
boarding pass	บัตรที่นั่ง	bàt thêe nâng
departure gate	ช่องเขา	chôrng khâo
transit	การต่อเที่ยวบิน	gaan tòr thîeow bin
to wait (vt)	รอ	ror
departure lounge	ห้องผู้โดยสารขาออก	hôrng phôo doi săan khăa òk
to see off	ไปส่ง	bpai sòng
to say goodbye	บอกลา	bòrk laa

Life events

109. Holidays. Event

celebration, holiday	วันหยุดเฉลิมฉลอง	wan yùt chà-lěrm chà-lŏng
national day	วันชาติ	wan châat
public holiday	วันหยุดนักขัตฤกษ์	wan yùt nák-kàt-rêrk
to commemorate (vt)	เฉลิมฉลอง	chà-lěrm chà-lŏrng

event (happening)	เหตุการณ์	hàyt gaan
event (organized activity)	งานอีเว้นต์	ngaan ee wayn
banquet (party)	งานเลี้ยง	ngaan líang
reception (formal party)	งานเลี้ยง	ngaan líang
feast	งานฉลอง	ngaan chà-lŏng

anniversary	วันครบรอบ	wan khróp rôrp
jubilee	วันครบรอบปี	wan khróp rôrp bpee
to celebrate (vt)	ฉลอง	chà-lŏrng

New Year	ปีใหม่	bpee mài
Happy New Year!	สวัสดีปีใหม่!	sà-wàt-dee bpee mài
Santa Claus	ซานตาคลอส	saan-dtaa-khlôrt

Christmas	คริสต์มาส	khrít-mâat
Merry Christmas!	สุขสันต์วันคริสต์มาส	sùk-săn wan khrít-mâat
Christmas tree	ตันคริสต์มาส	dtôn khrít-mâat
fireworks (fireworks show)	ดอกไม้ไฟ	dòrk máai fai

wedding	งานแต่งงาน	ngaan dtàeng ngaan
groom	เจ้าบ่าว	jâo bàao
bride	เจ้าสาว	jâo săao

to invite (vt)	เชิญ	chern
invitation card	บัตรเชิญ	bàt chern

guest	แขก	khàek
to visit (~ your parents, etc.)	ไปเยี่ยม	bpai yîam
to meet the guests	ต้อนรับแขก	dton ráp khàek

gift, present	ของขวัญ	khŏrng khwăn
to give (sth as present)	ให้	hâi
to receive gifts	รับของขวัญ	ráp khŏrng khwăn
bouquet (of flowers)	ช่อดอกไม้	chôr dòrk máai
congratulations	คำแสดงความยินดี	kham sà-daeng khwaam yin-dee

to congratulate (vt)	แสดงความยินดี	sà-daeng khwaam yin dee
greeting card	บัตรอวยพร	bàt uay phon
to send a postcard	ส่งโปสการ์ด	sòng bpòht-gàat
to get a postcard	รับโปสการ์ด	ráp bpòht-gàat

toast	ดื่มอวยพร	dèum uay phon
to offer (a drink, etc.)	เลี้ยงเครื่องดื่ม	líang khrêuang dèum
champagne	แชมเปญ	chaem-bpayn

to enjoy oneself	มีความสุข	mee khwaam sùk
merriment (gaiety)	ความรื่นเริง	khwaam rêun-rerng
joy (emotion)	ความสุขสันต์	khwaam sùk-sǎn

| dance | การเต้น | gaan dtên |
| to dance (vi, vt) | เต้น | dtên |

| waltz | วอลทซ์ | wɔːlts |
| tango | แทงโก | thaeng-gôh |

110. Funerals. Burial

cemetery	สุสาน	sù-sǎan
grave, tomb	หลุมศพ	lǔm sòp
cross	ไม้กางเขน	mái gaang khǎyn
gravestone	ป้ายหลุมศพ	bpâai lǔm sòp
fence	รั้ว	rúa
chapel	โรงสวด	rohng sùat

death	ความตาย	khwaam dtaai
to die (vi)	ตาย	dtaai
the deceased	ผู้เสียชีวิต	phôo sǐa chee-wít
mourning	การไว้อาลัย	gaan wái aa-lai

to bury (vt)	ฝังศพ	fǎng sòp
funeral home	บริษัทรับจัดงานศพ	bor-rí-sàt ráp jàt ngaan sòp
funeral	งานศพ	ngaan sòp

wreath	พวงหรีด	phuang rèet
casket, coffin	โลงศพ	lohng sòp
hearse	รถขนศพ	rót khǒn sòp
shroud	ผ้าห่อศพ	phâa hòr sòp

funeral procession	พิธีศพ	phí-tee sòp
funerary urn	โกศ	gòht
crematory	เมรุ	mayn

obituary	ข่าวมรณกรรม	khàao mor-rá-ná-gam
to cry (weep)	ร้องไห้	rórng hâi
to sob (vi)	สะอื้น	sà-êun

111. War. Soldiers

platoon	หมวด	mùat
company	กองร้อย	gorng rói
regiment	กรม	grom
army	กองทัพ	gorng tháp
division	กองพล	gorng phon-la
section, squad	หมู่	mòo
host (army)	กองทัพ	gorng tháp
soldier	ทหาร	thá-hăan
officer	นายทหาร	naai thá-hăan
private	พลทหาร	phon-thá-hăan
sergeant	สิบเอก	sìp àyk
lieutenant	ร้อยโท	rói thoh
captain	ร้อยเอก	rói àyk
major	พลตรี	phon-dtree
colonel	พันเอก	phan àyk
general	นายพล	naai phon
sailor	กะลาสี	gà-laa-sĕe
captain	กัปตัน	gàp dtan
boatswain	สรั่งเรือ	sà-ràng reua
artilleryman	ทหารปืนใหญ่	thá-hăan bpeun yài
paratrooper	พลรม	phon-rôm
pilot	นักบิน	nák bin
navigator	ต้นหน	dtôn hŏn
mechanic	ช่างเครื่อง	châang khrêuang
pioneer (sapper)	ทหารช่าง	thá-hăan châang
parachutist	ทหารราบอากาศ	thá-hăan râap aa-gàat
reconnaissance scout	ทหารพราน	thá-hăan phraan
sniper	พลซุ่มยิง	phon sûm ying
patrol (group)	หน่วยลาดตระเวน	nùay lâat dtrà-wayn
to patrol (vt)	ลาดตระเวน	lâat dtrà-wayn
sentry, guard	ทหารยาม	tá-hăan yaam
warrior	นักรบ	nák róp
patriot	ผู้รักชาติ	phôo rák châat
hero	วีรบุรุษ	wee-rá-bù-rùt
heroine	วีรสตรี	wee rá-sot dtree
traitor	ผู้ทรยศ	phôo thor-rá-yót
to betray (vt)	ทรยศ	thor-rá-yót
deserter	ทหารหนีทัพ	thá-hăan nĕe tháp
to desert (vi)	หนีทัพ	nĕe tháp

mercenary	ทหารรับจ้าง	thá-hǎan ráp jâang
recruit	เกณฑ์ทหาร	gayn thá-hǎan
volunteer	อาสาสมัคร	aa-sǎa sà-màk

dead (n)	ดูนถูกฆ่า	khon thòok khâa
wounded (n)	ผู้ได้รับบาดเจ็บ	phôo dâai ráp bàat jèp
prisoner of war	เชลยศึก	chá-loie sèuk

112. War. Military actions. Part 1

war	สงคราม	sǒng-khraam
to be at war	ทำสงคราม	tham sǒng-khraam
civil war	สงครามกลางเมือง	sǒng-khraam glaang-meuang

treacherously (adv)	ตลบตะแลง	dtà-lòp-dtà-laeng
declaration of war	การประกาศสงคราม	gaan bprà-gàat sǒng-khraam
to declare (~ war)	ประกาศสงคราม	bprà-gàat sǒng-khraam
aggression	การรุกราน	gaan rúk-raan
to attack (invade)	บุกรุก	bùk rúk

to invade (vt)	บุกรุก	bùk rúk
invader	ผู้บุกรุก	phôo bùk rúk
conqueror	ผู้ยึดครอง	phôo yéut khrorng

defense	การป้องกัน	gaan bpôrng gan
to defend (a country, etc.)	ปกป้อง	bpòk bpôrng
to defend (against ...)	ป้องกัน	bpôrng gan

enemy	ศัตรู	sàt-dtroo
foe, adversary	ข้าศึก	khâa sèuk
enemy (as adj)	ศัตรู	sàt-dtroo

strategy	ยุทธศาสตร์	yút-thá-sàat
tactics	ยุทธวิธี	yút-thá-wí-thee

order	คำสั่ง	kham sàng
command (order)	คำบัญชาการ	kham ban-chaa gaan
to order (vt)	สั่ง	sàng
mission	ภารกิจ	phaa-rá-gìt
secret (adj)	อย่างลับ	yàang láp

battle, combat	การรบ	gaan róp
attack	การจู่โจม	gaan jòo johm
charge (assault)	การเข้าจู่โจม	gaan khâo jòo johm
to storm (vt)	บุกจู่โจม	bùk jòo johm
siege (to be under ~)	การโอบล้อมโจมตี	gaan òhp lóm johm dtee
offensive (n)	การโจมตี	gaan johm dtee
to go on the offensive	โจมตี	johm dtee

retreat	การถอย	gaan thŏi
to retreat (vi)	ถอย	thŏi
encirclement	การปิดล้อม	gaan bpìt lórm
to encircle (vt)	ปิดล้อม	bpìt lórm
bombing (by aircraft)	การทิ้งระเบิด	gaan thíng rá-bèrt
to drop a bomb	ทิ้งระเบิด	thíng rá-bèrt
to bomb (vt)	ทิ้งระเบิด	thíng rá-bèrt
explosion	การระเบิด	gaan rá-bèrt
shot	การยิง	gaan ying
to fire (~ a shot)	ยิง	ying
firing (burst of ~)	การยิง	gaan ying
to aim (to point a weapon)	เล็ง	leng
to point (a gun)	ชี้	chée
to hit (the target)	ถูกเป้าหมาย	thòok bpâo măai
to sink (~ a ship)	จม	jom
hole (in a ship)	รู	roo
to founder, to sink (vi)	จม	jom
front (war ~)	แนวหน้า	naew nâa
evacuation	การอพยพ	gaan òp-phá-yóp
to evacuate (vt)	อพยพ	òp-phá-yóp
trench	สนามเพลาะ	sà-năam phlór
barbwire	ลวดหนาม	lûat năam
barrier (anti tank ~)	สิ่งกีดขวาง	sìng gèet-khwăang
watchtower	หอสังเกตการณ์	hŏr săng-gàyt gaan
military hospital	โรงพยาบาลทหาร	rohng phá-yaa-baan thá-hăan
to wound (vt)	ทำให้บาดเจ็บ	tham hâi bàat jèp
wound	แผล	phlăe
wounded (n)	ผู้ได้รับบาดเจ็บ	phôo dâai ráp bàat jèp
to be wounded	ได้รับบาดเจ็บ	dâai ráp bàat jèp
serious (wound)	รายแรง	ráai raeng

113. War. Military actions. Part 2

captivity	การเป็นเชลย	gaan bpen chá-loie
to take captive	จับเชลย	jàp chá-loie
to be held captive	เป็นเชลย	bpen chá-loie
to be taken captive	ถูกจับเป็นเชลย	thòok jàp bpen chá-loie
concentration camp	ค่ายกักกัน	khâai gàk gan
prisoner of war	เชลยศึก	chá-loie sèuk
to escape (vi)	หนี	něe

to betray (vt)	ทรยศ	thor-rá-yót
betrayer	ผู้ทรยศ	phôo thor-rá-yót
betrayal	การทรยศ	gaan thor-rá-yót
to execute (by firing squad)	ประหาร	bprà-hǎan
execution (by firing squad)	การประหาร	gaan bprà-hǎan
equipment (military gear)	ชุดเสื้อผ้าทหาร	chút sêua phâa thá-hǎan
shoulder board	บ่ง	bâng
gas mask	หน้ากากกันแก็ส	nâa gàak gan gàet
field radio	วิทยุสนาม	wít-thá-yú sà-nǎam
cipher, code	รหัส	rá-hàt
secrecy	ความลับ	khwaam láp
password	รหัสผ่าน	rá-hàt phàan
land mine	กับระเบิด	gàp rá-bèrt
to mine (road, etc.)	วางกับระเบิด	waang gàp rá-bèrt
minefield	เขตทุ่นระเบิด	khàyt thûn rá-bèrt
air-raid warning	สัญญาณเตือนภัยทางอากาศ	sǎn-yaan dteuan phai thaang aa-gàat
alarm (alert signal)	สัญญาณเตือนภัย	sǎn-yaan dteuan phai
signal	สัญญาณ	sǎn-yaan
signal flare	พลุสัญญาณ	phlú sǎn-yaan
headquarters	กองบัญชาการ	gorng ban-chaa gaan
reconnaissance	การลาดตระเวน	gaan lâat dtrà-wayn
situation	สถานการณ์	sà-thǎan gaan
report	การรายงาน	gaan raai ngaan
ambush	การซุ่มโจมตี	gaan sûm johm dtee
reinforcement (of army)	กำลังเสริม	gam-lang sěrm
target	เป้าหมาย	bpâo mǎai
proving ground	สถานที่ทดลอง	sà-tǎan thêe thót long
military exercise	การซ้อมรบ	gaan sórm róp
panic	ความตื่นตระหนก	khwaam dtèun dtrà-nòk
devastation	การทำลายล้าง	gaan tham-laai láang
destruction, ruins	ซาก	sâak
to destroy (vt)	ทำลาย	tham laai
to survive (vi, vt)	รอดชีวิต	rôt chee-wít
to disarm (vt)	ปลดอาวุธ	bplòt aa-wút
to handle (~ a gun)	ใช้	chái
Attention!	หยุด	yùt
At ease!	พัก	phák
feat, act of courage	การแสดงความกล้าหาญ	gaan sà-daeng khwaam glâa hǎan

oath (vow)	คำสาบาน	kham săa-baan
to swear (an oath)	สาบาน	săa baan
decoration (medal, etc.)	รางวัล	raang-wan
to award (give medal to)	มอบรางวัล	môrp raang-wan
medal	เหรียญรางวัล	rĭan raang-wan
order (e.g., ~ of Merit)	เครื่องอิสริยาภรณ์	khrêuang ìt-sà-rí-yaa-phon
victory	ชัยชนะ	chai chá-ná
defeat	ความพ่ายแพ้	khwaam phâai pháe
armistice	การพักรบ	gaan phák róp
standard (battle flag)	ธงรบ	thorng róp
glory (honor, fame)	ความรุ่งโรจน์	khwaam rûng-rôht
parade	ขบวนสวนสนาม	khà-buan sŭan sà-năam
to march (on parade)	เดินสวนสนาม	dern sŭan sà-năam

114. Weapons

weapons	อาวุธ	aa-wút
firearms	อาวุธปืน	aa-wút bpeun
cold weapons (knives, etc.)	อาวุธเย็น	aa-wút yen
chemical weapons	อาวุธเคมี	aa-wút khay-mee
nuclear (adj)	นิวเคลียร์	niw-khlia
nuclear weapons	อาวุธนิวเคลียร์	aa-wút niw-khlia
bomb	ลูกระเบิด	lôok rá-bèrt
atomic bomb	ลูกระเบิดปรมาณู	lôok rá-bèrt bpà-rá-maa-noo
pistol (gun)	ปืนพก	bpeun phók
rifle	ปืนไรเฟิล	bpeun rai-fern
submachine gun	ปืนกลมือ	bpeun gon meu
machine gun	ปืนกล	bpeun gon
muzzle	ปากประบอกปืน	bpàak bprà bòrk bpeun
barrel	ลำกล้อง	lam glôrng
caliber	ขนาดลำกล้อง	khà-nàat lam glôrng
trigger	ไกปืน	gai bpeun
sight (aiming device)	ศูนย์เล็ง	sŏon leng
magazine	แม็กกาซีน	máek-gaa-seen
butt (shoulder stock)	พานท้ายปืน	phaan tháai bpeun
hand grenade	ระเบิดมือ	rá-bèrt meu
explosive	วัตถุระเบิด	wát-thù rá-bèrt
bullet	ลูกกระสุน	lôok grà-sŭn
cartridge	ตลับกระสุน	dtà-làp grà-sŭn

| charge | กระสุน | grà-sŭn |
| ammunition | อาวุธยุทธภัณฑ์ | aa-wút yút-thá-phan |

bomber (aircraft)	เครื่องบินทิ้งระเบิด	khrêuang bin thíng rá-bèrt
fighter	เครื่องบินขับไล่	khrêuang bin khàp lâi
helicopter	เฮลิคอปเตอร์	hay-lí-khôrp-dtêr

anti-aircraft gun	ปืนต่อสู้อากาศยาน	bpeun dtòr sôo aa-gàat-sà-yaan
tank	รถถัง	rót thăng
tank gun	ปืนรถถัง	bpeun rót thăng

artillery	ปืนใหญ่	bpeun yài
gun (cannon, howitzer)	ปืน	bpeun
to lay (a gun)	เล็งเป้าปืน	leng bpâo bpeun

shell (projectile)	กระสุน	grà-sŭn
mortar bomb	กระสุนปืนครก	grà-sŭn bpeun khrók
mortar	ปืนครก	bpeun khrók
splinter (shell fragment)	สะเก็ดระเบิด	sà-gèt rá-bèrt

submarine	เรือดำน้ำ	reua dam náam
torpedo	ตอร์ปิโด	dtor-bpì-doh
missile	ขีปนาวุธ	khĕe-bpà-naa-wút

to load (gun)	ใส่กระสุน	sài grà-sŭn
to shoot (vi)	ยิง	ying
to point at (the cannon)	เล็ง	leng
bayonet	ดาบปลายปืน	dàap bplaai bpeun

rapier	เรเปียร์	ray-bpia
saber (e.g., cavalry ~)	ดาบโค้ง	dàap khóhng
spear (weapon)	หอก	hòrk
bow	ธนู	thá-noo
arrow	ลูกธนู	lôok-thá-noo
musket	ปืนคาบศิลา	bpeun khâap sì-laa
crossbow	หน้าไม้	nâa máai

115. Ancient people

primitive (prehistoric)	แบบดั้งเดิม	bàep dâng derm
prehistoric (adj)	ยุคก่อนประวัติศาสตร์	yúk gòn bprà-wàt sàat
ancient (~ civilization)	โบราณ	boh-raan

Stone Age	ยุคหิน	yúk hĭn
Bronze Age	ยุคสำริด	yúk săm-rít
Ice Age	ยุคน้ำแข็ง	yúk nám khăeng

| tribe | เผ่า | phào |
| cannibal | ผู้ที่กินเนื้อคน | phôo thêe gin néua khon |

hunter	นักล่าสัตว์	nák lâa sàt
to hunt (vi, vt)	ล่าสัตว์	lâa sàt
mammoth	ช้างแมมมอธ	cháang-maem-môt

cave	ถ้ำ	thâm
fire	ไฟ	fai
campfire	กองไฟ	gorng fai
cave painting	ภาพวาดในถ้ำ	phâap-wâat nai thâm

tool (e.g., stone ax)	เครื่องมือ	khrêuang meu
spear	หอก	hòrk
stone ax	ขวานหิน	khwǎan hǐn
to be at war	ทำสงคราม	tham sǒng-khraam
to domesticate (vt)	เชื่อง	chêuang

idol	เทวรูป	theu-rôop
to worship (vt)	บูชา	boo-chaa
superstition	ความเชื่องมงาย	khwaam chêua ngom-ngaai
rite	พิธีกรรม	phí-thee gam

evolution	วิวัฒนาการ	wí-wát-thá-naa-gaan
development	การพัฒนา	gaan phát-thá-naa
disappearance (extinction)	การสูญพันธุ์	gaan sǒon phan
to adapt oneself	ปรับตัว	bpràp dtua

archeology	โบราณคดี	boh-raan khá-dee
archeologist	นักโบราณคดี	nák boh-raan-ná-khá-dee
archeological (adj)	ทางโบราณคดี	thaang boh-raan khá-dee

excavation site	แหล่งขุดค้น	làeng khùt khón
excavations	การขุดค้น	gaan khùt khón
find (object)	สิ่งที่คันพบ	sìng thêe khón phóp
fragment	เศษชิ้นส่วน	sàyt chín sùan

116. Middle Ages

people (ethnic group)	ชาติพันธุ์	châat-dtì-phan
peoples	ชาติพันธุ์	châat-dtì-phan
tribe	เผ่า	phào
tribes	เผ่า	phào

barbarians	อนารยชน	à-naa-rá-yá-chon
Gauls	ชาวโกล	chaao gloh
Goths	ชาวกอธ	chaao gòt
Slavs	ชาวสลาฟ	chaao sà-làaf
Vikings	ชาวไวกิ้ง	chaao wai-gîng

Romans	ชาวโรมัน	chaao roh-man
Roman (adj)	โรมัน	roh-man

Byzantines	ชาวไบแซนไทน์	chaao bai-saen-tpai
Byzantium	ไบแซนเทียม	bai-saen-thiam
Byzantine (adj)	ไบแซนไทน์	bai-saen-thai
emperor	จักรพรรดิ	jàk-grà-phát
leader, chief (tribal ~)	ผู้นำ	phôo nam
powerful (~ king)	ทรงพลัง	song phá-lang
king	มหากษัตริย์	má-hăa gà-sàt
ruler (sovereign)	ผู้ปกครอง	phôo bpòk khrorng
knight	อัศวิน	àt-sà-win
feudal lord	เจ้าครองนคร	jâo khrorng ná-khon
feudal (adj)	ระบบศักดินา	rá-bòp sàk-gà-dì naa
vassal	เจ้าของที่ดิน	jâo khŏrng thêe din
duke	ดยุค	dà-yúk
earl	เอิร์ล	ern
baron	บารอน	baa-rorn
bishop	พระบิชอป	phrá bì-chôp
armor	เกราะ	gròr
shield	โล่	lôh
sword	ดาบ	dàap
visor	กะบังหน้าของหมวก	gà-bang nâa khŏrng mùak
chainmail	เสื้อเกราะถัก	sêua gròr thàk
Crusade	สงครามครูเสด	sŏng-khraam khroo-sàyt
crusader	ผู้ทำสงครามศาสนา	phôo tham sŏng-kraam sàat-sà-năa
territory	อาณาเขต	aa-naa khàyt
to attack (invade)	โจมตี	johm dtee
to conquer (vt)	ยึดครอง	yéut khrorng
to occupy (invade)	บุกยึด	bùk yéut
siege (to be under ~)	การโอบล้อมโจมตี	gaan òhp lóm johm dtee
besieged (adj)	ถูกล้อมกรอบ	thòok lóm gròp
to besiege (vt)	ล้อมโจมตี	lóm johm dtee
inquisition	การไต่สวน	gaan dtài sŭan
inquisitor	ผู้ไต่สวน	phôo dtài sŭan
torture	การทรมาน	gaan thor-rá-maan
cruel (adj)	โหดร้าย	hòht ráai
heretic	ผู้นอกรีต	phôo nôrk rêet
heresy	ความนอกรีต	khwaam nôrk rêet
seafaring	การเดินเรือทะเล	gaan dern reua thá-lay
pirate	โจรสลัด	john sà-làt
piracy	การปล้นสะดมในน่านน้ำทะเล	gaan bplôn-sà-dom nai nâan náam thá-lay
boarding (attack)	การบุกขึ้นเรือ	gaan bùk khêun reua
loot, booty	ของที่ปล้นสะดมมา	khŏrng têe bplôn-sà-dom maa

treasures	สมบัติ	sŏm-bàt
discovery	การคนพบ	gaan khón phóp
to discover (new land, etc.)	คนพบ	khón phóp
expedition	การสำรวจ	gaan săm-rùat
musketeer	ทหารถือ ปืนคาบศิลา	thá-hăan thĕu bpeun khâap sì-laa
cardinal	พระคาร์ดินัล	phrá khaa-dì-nan
heraldry	มุทราศาสตร์	mút-raa sàat
heraldic (adj)	ทางมุทราศาสตร์	thaang mút-raa sàat

117. Leader. Chief. Authorities

king	ราชา	raa-chaa
queen	ราชินี	raa-chí-nee
royal (adj)	เกี่ยวกับราชวงศ์	gìeow gàp râat-cha-wong
kingdom	ราชอาณาจักร	râat aa-naa jàk
prince	เจ้าชาย	jâo chaai
princess	เจาหญิง	jâo yĭng
president	ประธานาธิบดี	bprà-thaa-naa-thí-bor-dee
vice-president	รองประธานาธิบดี	rorng bprà-thaa-naa-thí-bor-dee
senator	สมาชิกวุฒิสภา	sà-maa-chík wút-thí sà-phaa
monarch	กษัตริย์	gà-sàt
ruler (sovereign)	ผู้ปกครอง	phôo bpòk khrorng
dictator	เผด็จการ	phà-dèt gaan
tyrant	ทูรราช	thor-rá-râat
magnate	ผู้มีอิทธิพลสูง	phôo mee it-thí phon sŏong
director	ผู้อำนวยการ	phôo am-nuay gaan
chief	หัวหนา	hŭa-nâa
manager (director)	ผู้จัดการ	phôo jàt gaan
boss	หัวหนา	hŭa-nâa
owner	เจาของ	jâo khŏrng
leader	ผู้นำ	phôo nam
head (~ of delegation)	หัวหนา	hŭa-nâa
authorities	เจาหนาที่	jâo nâa-thêe
superiors	ผู้บังคับบัญชา	phôo bang-kháp ban-chaa
governor	ผู้วาการ	phôo wâa gaan
consul	กงสุล	gong-sŭn
diplomat	นักการทูต	nák gaan thôot
mayor	นายกเทศมนตรี	naa-yók thâyt-sà-mon-dtree

sheriff	นายอำเภอ	naai am-pher
emperor	จักรพรรดิ	jàk-grà-phát
tsar, czar	ซาร์	saa
pharaoh	ฟาโรห์	faa-roh
khan	ขาน	khàan

118. Breaking the law. Criminals. Part 1

bandit	โจร	john
crime	อาชญากรรม	àat-yaa-gam
criminal (person)	อาชญากร	àat-yaa-gon

thief	ขโมย	khà-moi
to steal (vi, vt)	ขโมย	khà-moi
stealing (larceny)	การลักขโมย	gaan lák khà-moi
theft	การลักทรัพย์	gaan lák sáp

to kidnap (vt)	ลักพาตัว	lák phaa dtua
kidnapping	การลักพาตัว	gaan lák phaa dtua
kidnapper	ผู้ลักพาตัว	phôo lák phaa dtua

| ransom | ค่าไถ่ | khâa thài |
| to demand ransom | เรียกเงินค่าไถ่ | rîak ngern khâa thài |

to rob (vt)	ปล้น	bplôn
robbery	การปล้น	gaan bplôn
robber	ขโมยขโจร	khà-moi khà-john

to extort (vt)	รีดไถ	rêet thăi
extortionist	ผู้รีดไถ	phôo rêet thăi
extortion	การรีดไถ	gaan rêet thăi

to murder, to kill	ฆ่า	khâa
murder	ฆาตกรรม	khâat-dtà-gaam
murderer	ฆาตกร	khâat-dtà-gon

gunshot	การยิงปืน	gaan ying bpeun
to fire (~ a shot)	ยิง	ying
to shoot to death	ยิงให้ตาย	ying hâi dtaai
to shoot (vi)	ยิง	ying
shooting	การยิง	gaan ying

incident (fight, etc.)	เหตุการณ์	hàyt gaan
fight, brawl	การต่อสู้	gaan dtòr sôo
Help!	ขอช่วย	khŏr chûay
victim	เหยื่อ	yèua

to damage (vt)	ทำความเสียหาย	tham khwaam sĭa hăai
damage	ความเสียหาย	khwaam sĭa hăai
dead body, corpse	ศพ	sòp

grave (~ crime)	ร้ายแรง	ráai raeng
to attack (vt)	จู่โจม	jòo johm
to beat (to hit)	ตี	dtee
to beat up	ซ้อม	sórm
to take (rob of sth)	ปล้น	bplôn
to stab to death	แทงให้ตาย	thaeng hâi dtaai
to maim (vt)	ทำให้บาดเจ็บสาหัส	tham hâi bàat jèp săa hàt
to wound (vt)	บาด	bàat

blackmail	การกรรโชก	gaan-gan-chôhk
to blackmail (vt)	กรรโชก	gan-chôhk
blackmailer	ผู้ขู่กรรโชก	phôo khòo gan-chôhk

| protection racket | การคุมครองผิดกฎหมาย | gaan khum khrorng phìt gòt măai |
| racketeer | ผู้ที่หาเงินจากกิจกรรมที่ผิดกฎหมาย | phôo thêe hăa ngern jàak gìt-jà-gam thêe phìt gòt măai |

| gangster | เหล่าร้าย | lào ráai |
| mafia, Mob | มาเฟีย | maa-fia |

pickpocket	ขโมยล้วงกระเป๋า	khà-moi lúang grà-bpăo
burglar	ขโมยย่องเบา	khà-moi yông bao
smuggling	การลักลอบ	gaan lák-lôrp
smuggler	ผู้ลักลอบ	phôo lák lôrp

forgery	การปลอมแปลง	gaan bplorm bplaeng
to forge (counterfeit)	ปลอมแปลง	bplorm bplaeng
fake (forged)	ปลอม	bplorm

119. Breaking the law. Criminals. Part 2

rape	การข่มขืน	gaan khòm khĕun
to rape (vt)	ข่มขืน	khòm khĕun
rapist	โจรข่มขืน	john khòm khĕun
maniac	คนบ้า	khon bâa

prostitute (fem.)	โสเภณี	sŏh-phay-nee
prostitution	การค้าประเวณี	gaan kháa bprà-way-nee
pimp	แมงดา	maeng-daa

| drug addict | ผู้ติดยาเสพติด | phôo dtìt yaa-sàyp-dtìt |
| drug dealer | พ่อค้ายาเสพติด | phôr kháa yaa-sàyp-dtìt |

to blow up (bomb)	ระเบิด	rá-bèrt
explosion	การระเบิด	gaan rá-bèrt
to set fire	เผา	phăo
arsonist	ผู้ลอบวางเพลิง	phôo lôp waang phlerng
terrorism	การก่อการร้าย	gaan gòr gaan ráai
terrorist	ผู้ก่อการร้าย	phôo gòr gaan ráai

hostage	ตัวประกัน	dtua bprà-gan
to swindle (deceive)	ลอลวง	lôr luang
swindle, deception	การลอลวง	gaan lôr luang
swindler	นักตมตุ๋น	nák dtôm dtŭn

to bribe (vt)	ติดสินบน	dtìt sĭn-bon
bribery	การติดสินบน	gaan dtìt sĭn-bon
bribe	สินบน	sĭn bon

poison	ยาพิษ	yaa phít
to poison (vt)	วางยาพิษ	waang-yaa phít
to poison oneself	กินยาตาย	gin yaa dtaai

suicide (act)	การฆ่าตัวตาย	gaan khâa dtua dtaai
suicide (person)	ผู้ฆ่าตัวตาย	phôo khâa dtua dtaai

to threaten (vt)	ขู่	khòo
threat	คำขู่	kham khòo
to make an attempt	พยายามฆ่า	phá-yaa-yaam khâa
attempt (attack)	การพยายามฆ่า	gaan phá-yaa-yaam khâa

to steal (a car)	จี้	jêe
to hijack (a plane)	จี้	jêe

revenge	การแก้แค้น	gaan gâe kháen
to avenge (get revenge)	แก้แค้น	gâe kháen

to torture (vt)	ทรมาน	thon-maan
torture	การทรมาน	gaan thor-rá-maan
to torment (vt)	ทำทารุณ	tam taa-run

pirate	โจรสลัด	john sà-làt
hooligan	นักเลง	nák-layng
armed (adj)	มีอาวุธ	mee aa-wút
violence	ความรุนแรง	khwaam run raeng
illegal (unlawful)	ผิดกฎหมาย	phìt gòt mǎai

spying (espionage)	จารกรรม	jaa-rá-gam
to spy (vi)	ลวงความลับ	lúang khwaam láp

120. Police. Law. Part 1

justice	ยุติธรรม	yút-dtì-tham
court (see you in ~)	ศาล	sǎan

judge	ผู้พิพากษา	phôo phí-phâak-sǎa
jurors	ลูกขุน	lôok khŭn
jury trial	การไต่สวนคดีแบบมีลูกขุน	gaan dtài sǔan khá-dee bàep mee lôok khŭn
to judge, to try (vt)	พิพากษา	phí-phâak-sǎa

lawyer, attorney	ทนายความ	thá-naai khwaam
defendant	จำเลย	jam loie
dock	คอกจำเลย	khôrk jam loie
charge	ข้อกล่าวหา	khôr glàao hǎa
accused	ถูกกล่าวหา	thòok glàao hǎa
sentence	การลงโทษ	gaan long thôht
to sentence (vt)	พิพากษา	phí-phâak-sǎa
guilty (culprit)	ผู้กระทำความผิด	phôo grà-tham khwaam phìt
to punish (vt)	ลงโทษ	long thôht
punishment	การลงโทษ	gaan long thôht
fine (penalty)	ปรับ	bpràp
life imprisonment	การจำคุกตลอดชีวิต	gaan jam khúk dtà-lòt chee-wít
death penalty	โทษประหาร	thôht-bprà-hǎan
electric chair	เก้าอี้ไฟฟ้า	gâo-êe fai-fáa
gallows	ตะแลงแกง	dtà-laeng-gaeng
to execute (vt)	ประหาร	bprà-hǎan
execution	การประหาร	gaan bprà-hǎan
prison, jail	คุก	khúk
cell	ห้องขัง	hôrng khǎng
escort (convoy)	ผู้ควบคุมตัว	phôo khûap khum dtua
prison guard	ผู้คุม	phôo khum
prisoner	นักโทษ	nák thôht
handcuffs	กุญแจมือ	gun-jae meu
to handcuff (vt)	ใส่กุญแจมือ	sài gun-jae meu
prison break	การแหกคุก	gaan hàek khúk
to break out (vi)	แหก	hàek
to disappear (vi)	หายตัวไป	hǎai dtua bpai
to release (from prison)	ถูกปล่อยตัว	thòok bplòi dtua
amnesty	การนิรโทษกรรม	gaan ní-rá-thôht gam
police	ตำรวจ	dtam-rùat
police officer	เจ้าหน้าที่ตำรวจ	jâo nâa-thêe dtam-rùat
police station	สถานีตำรวจ	sà-thǎa-nee dtam-rùat
billy club	กระบองตำรวจ	grà-bong dtam-rùat
bullhorn	โทรโข่ง	toh-ra -khòhng
patrol car	รถลาดตระเวน	rót lâat dtrà-wayn
siren	หวอ	wǒr
to turn on the siren	เปิดหวอ	bpèrt wǒr
siren call	เสียงหวอ	sǐang wǒr
crime scene	ที่เกิดเหตุ	thêe gèrt hàyt

witness	พยาน	phá-yaan
freedom	อิสระ	ìt-sà-rà
accomplice	ผู้รวมกระทำผิด	phôo rûam grà-tham phìt
to flee (vi)	หนี	něe
trace (to leave a ~)	รองรอย	rông roi

121. Police. Law. Part 2

search (investigation)	การสืบสวน	gaan sèup sŭan
to look for ...	หาตัว	hăa dtua
suspicion	ความสงสัย	khwaam sŏng-săi
suspicious (e.g., ~ vehicle)	นาสงสัย	nâa sŏng-săi
to stop (cause to halt)	เรียกให้หยุด	rîak hâi yùt
to detain (keep in custody)	กักตัว	gàk dtua
case (lawsuit)	คดี	khá-dee
investigation	การสืบสวน	gaan sèup sŭan
detective	นักสืบ	nák sèup
investigator	นักสอบสวน	nák sòrp sŭan
hypothesis	สันนิษฐาน	săn-nít-thăan
motive	เหตุจูงใจ	hàyt joong jai
interrogation	การสอบปากคำ	gaan sòp bpàak kham
to interrogate (vt)	สอบสวน	sòrp sŭan
to question (~ neighbors, etc.)	ไถ่ถาม	thài thăam
check (identity ~)	การตรวจสอบ	gaan dtrùat sòp
round-up (raid)	การรวบตัว	gaan rûap dtua
search (~ warrant)	การตรวจค้น	gaan dtrùat khón
chase (pursuit)	การไล่ล่า	gaan lâi lâa
to pursue, to chase	ไล่ล่า	lâi lâa
to track (a criminal)	สืบ	sèup
arrest	การจับกุม	gaan jàp gum
to arrest (sb)	จับกุม	jàp gum
to catch (thief, etc.)	จับ	jàp
capture	การจับ	gaan jàp
document	เอกสาร	àyk săan
proof (evidence)	หลักฐาน	làk thăan
to prove (vt)	พิสูจน์	phí-sòot
footprint	รอยเท้า	roi tháo
fingerprints	รอยนิ้วมือ	roi níw meu
piece of evidence	หลักฐาน	làk thăan
alibi	ข้อแก้ตัว	khôr gâe dtua
innocent (not guilty)	พ้นผิด	phón phìt
injustice	ความอยุติธรรม	khwaam a-yút-dti-tam
unjust, unfair (adj)	ไม่เป็นธรรม	mâi bpen-tham

criminal (adj)	อาชญากร	àat-yaa-gon
to confiscate (vt)	ยึด	yéut
drug (illegal substance)	ยาเสพติด	yaa sàyp dtìt
weapon, gun	อาวุธ	aa-wút
to disarm (vt)	ปลดอาวุธ	bplòt aa-wút
to order (command)	ออกคำสั่ง	òrk kham sàng
to disappear (vi)	หายตัวไป	hăai dtua bpai
law	กฎหมาย	gòt măai
legal, lawful (adj)	ตามกฎหมาย	dtaam gòt măai
illegal, illicit (adj)	ผิดกฎหมาย	phìt gòt măai
responsibility (blame)	ความรับผิดชอบ	khwaam ráp phìt chôp
responsible (adj)	รับผิดชอบ	ráp phìt chôp

NATURE

The Earth. Part 1

122. Outer space

space	อวกาศ	a-wá-gàat
space (as adj)	ทางอวกาศ	thang a-wá-gàat
outer space	อวกาศ	a-wá-gàat
world	โลก	lôhk
universe	จักรวาล	jàk-grà-waan
galaxy	ดาราจักร	daa-raa jàk
star	ดาว	daao
constellation	กลุ่มดาว	glùm daao
planet	ดาวเคราะห์	daao khrór
satellite	ดาวเทียม	daao thiam
meteorite	ดาวตก	daao dtòk
comet	ดาวหาง	daao hăang
asteroid	ดาวเคราะห์น้อย	daao khrór nói
orbit	วงโคจร	wong khoh-jon
to revolve (~ around the Earth)	เวียน	wian
atmosphere	บรรยากาศ	ban-yaa-gàat
the Sun	ดวงอาทิตย์	duang aa-thít
solar system	ระบบสุริยะ	rá-bòp sù-rí-yá
solar eclipse	สุริยุปราคา	sù-rí-yú-bpà-raa-kaa
the Earth	โลก	lôhk
the Moon	ดวงจันทร์	duang jan
Mars	ดาวอังคาร	daao ang-khaan
Venus	ดาวศุกร์	daao sùk
Jupiter	ดาวพฤหัส	daao phá-réu-hàt
Saturn	ดาวเสาร์	daao săo
Mercury	ดาวพุธ	daao phút
Uranus	ดาวยูเรนัส	daao-yoo-ray-nát
Neptune	ดาวเนปจูน	daao-nâyp-joon
Pluto	ดาวพลูโต	daao phloo-dtoh
Milky Way	ทางช้างเผือก	thaang cháang phèuak

Great Bear (Ursa Major)	กลุ่มดาวหมีใหญ่	glùm daao měe yài
North Star	ดาวเหนือ	daao něua
Martian	ชาวดาวอังคาร	chaao daao ang-khaan
extraterrestrial (n)	มนุษย์ต่างดาว	má-nút dtàang daao
alien	มนุษย์ต่างดาว	má-nút dtàang daao
flying saucer	จานบิน	jaan bin
spaceship	ยานอวกาศ	yaan a-wá-gàat
space station	สถานีอวกาศ	sà-thǎa-nee a-wá-gàat
blast-off	การปล่อยจรวด	gaan bplòi jà-rùat
engine	เครื่องยนต์	khrêuang yon
nozzle	ท่อไอพ่น	thôr ai phôn
fuel	เชื้อเพลิง	chéua phlerng
cockpit, flight deck	ที่นั่งคนขับ	thêe nâng khon khàp
antenna	เสาอากาศ	sǎo aa-gàat
porthole	ช่อง	chôrng
solar panel	อุปกรณ์พลังงานแสงอาทิตย์	ù-bpà-gon phá-lang ngaan sǎeng aa-thít
spacesuit	ชุดอวกาศ	chút a-wá-gàat
weightlessness	สภาพไร้น้ำหนัก	sà-phâap rái nám nàk
oxygen	อ็อกซิเจน	ók sí jayn
docking (in space)	การเทียบท่า	gaan thîap thâa
to dock (vi, vt)	เทียบทา	thîap thâa
observatory	หอดูดาว	hǒr doo daao
telescope	กล้องโทรทรรศน์	glôrng thoh-rá-thát
to observe (vt)	เฝ้าสังเกต	fâo sǎng-gàyt
to explore (vt)	สำรวจ	sǎm-rùat

123. The Earth

the Earth	โลก	lôhk
the globe (the Earth)	ลูกโลก	lôok lôhk
planet	ดาวเคราะห์	daao khrór
atmosphere	บรรยากาศ	ban-yaa-gàat
geography	ภูมิศาสตร์	phoo-mí-sàat
nature	ธรรมชาติ	tham-má-châat
globe (table ~)	ลูกโลก	lôok lôhk
map	แผนที่	phǎen thêe
atlas	หนังสือแผนที่โลก	nǎng-sěu phǎen thêe lôhk
Europe	ยุโรป	yú-ròhp
Asia	เอเชีย	ay-chia

| Africa | แอฟริกา | àef-rí-gaa |
| Australia | ออสเตรเลีย | òrt-dtray-lia |

America	อเมริกา	a-may-rí-gaa
North America	อเมริกาเหนือ	a-may-rí-gaa něua
South America	อเมริกาใต้	a-may-rí-gaa dtâi

| Antarctica | แอนตาร์กติกา | aen-dtàak-dtì-gaa |
| the Arctic | อารกติค | àak-dtìk |

124. Cardinal directions

north	เหนือ	něua
to the north	ทิศเหนือ	thít něua
in the north	ที่ภาคเหนือ	thêe phâak něua
northern (adj)	ทางเหนือ	thaang něua

south	ใต้	dtâi
to the south	ทิศใต้	thít dtâi
in the south	ที่ภาคใต้	thêe phâak dtâi
southern (adj)	ทางใต้	thaang dtâi

west	ตะวันตก	dtà-wan dtòk
to the west	ทิศตะวันตก	thít dtà-wan dtòk
in the west	ที่ภาคตะวันตก	thêe phâak dtà-wan dtòk
western (adj)	ทางตะวันตก	thaang dtà-wan dtòk

east	ตะวันออก	dtà-wan òrk
to the east	ทิศตะวันออก	thít dtà-wan òrk
in the east	ที่ภาคตะวันออก	thêe phâak dtà-wan òrk
eastern (adj)	ทางตะวันออก	thaang dtà-wan òrk

125. Sea. Ocean

sea	ทะเล	thá-lay
ocean	มหาสมุทร	má-hǎa sà-mùt
gulf (bay)	อ่าว	àao
straits	ช่องแคบ	chôrng khâep

| land (solid ground) | พื้นดิน | phéun din |
| continent (mainland) | ทวีป | thá-wêep |

island	เกาะ	gòr
peninsula	คาบสมุทร	khâap sà-mùt
archipelago	หมู่เกาะ	mòo gòr

| bay, cove | อ่าว | àao |
| harbor | ท่าเรือ | thâa reua |

lagoon	ลากูน	laa-goon
cape	แหลม	lǎem
atoll	อะทอลล์	à-thorn
reef	แนวปะการัง	naew bpà-gaa-rang
coral	ปะการัง	bpà gaa-rang
coral reef	แนวปะการัง	naew bpà-gaa-rang
deep (adj)	ลึก	léuk
depth (deep water)	ความลึก	khwaam léuk
abyss	หุบเหวลึก	hùp wǎy léuk
trench (e.g., Mariana ~)	ร่องลึกก้นสมุทร	rông léuk gôn sà-mùt
current (Ocean ~)	กระแสน้ำ	grà-sǎe náam
to surround (bathe)	ล้อมรอบ	lórm rôrp
shore	ชายฝั่ง	chaai fàng
coast	ชายฝั่ง	chaai fàng
flow (flood tide)	น้ำขึ้น	náam khêun
ebb (ebb tide)	น้ำลง	náam long
shoal	หาดตื้น	hàat dtêun
bottom (~ of the sea)	ก้นทะเล	gôn thá-lay
wave	คลื่น	khlêun
crest (~ of a wave)	ม้วนคลื่น	múan khlêun
spume (sea foam)	ฟองคลื่น	forng khlêun
storm (sea storm)	พายุ	phaa-yú
hurricane	พายุเฮอร์ริเคน	phaa-yú her-rí-khayn
tsunami	คลื่นยักษ์	khlêun yák
calm (dead ~)	ภาวะไร้ลมพัด	phaa-wá rái lom phát
quiet, calm (adj)	สงบ	sà-ngòp
pole	ขั้วโลก	khûa lôhk
polar (adj)	ขั้วโลก	khûa lôhk
latitude	เส้นรุ้ง	sên rúng
longitude	เส้นแวง	sên waeng
parallel	เส้นขนาน	sên khà-nǎan
equator	เส้นศูนย์สูตร	sên sǒon sòot
sky	ท้องฟ้า	thórng fáa
horizon	ขอบฟ้า	khòrp fáa
air	อากาศ	aa-gàat
lighthouse	ประภาคาร	bprà-phaa-khaan
to dive (vi)	ดำ	dam
to sink (ab. boat)	จม	jom
treasures	สมบัติ	sǒm-bàt

126. Seas' and Oceans' names

Atlantic Ocean	มหาสมุทรแอตแลนติก	má-hǎa sà-mùt àet-laen-dtìk
Indian Ocean	มหาสมุทรอินเดีย	má-hǎa sà-mùt in-dia
Pacific Ocean	มหาสมุทรแปซิฟิก	má-hǎa sà-mùt bpae-sí-fík
Arctic Ocean	มหาสมุทรอาร์คติก	má-hǎa sà-mùt aa-ká-dtìk
Black Sea	ทะเลดำ	thá-lay dam
Red Sea	ทะเลแดง	thá-lay daeng
Yellow Sea	ทะเลเหลือง	thá-lay lěuang
White Sea	ทะเลขาว	thá-lay khǎao
Caspian Sea	ทะเลแคสเปียน	thá-lay khâet-bpian
Dead Sea	ทะเลเดดซี	thá-lay dàyt-see
Mediterranean Sea	ทะเลเมดิเตอรเรเนียน	thá-lay may-di-dtêr-ray-nian
Aegean Sea	ทะเลเอเจี้ยน	thá-lay ay-jîan
Adriatic Sea	ทะเลเอเดรียติก	thá-lay ay-day-ree-yá-dtìk
Arabian Sea	ทะเลอาหรับ	thá-lay aa-ràp
Sea of Japan	ทะเลญี่ปุ่น	thá-lay yêe-bpùn
Bering Sea	ทะเลเบริง	thá-lay bae-rîng
South China Sea	ทะเลจีนใต้	thá-lay jeen-dtâi
Coral Sea	ทะเลคอรัล	thá-lay khor-ran
Tasman Sea	ทะเลแทสมัน	thá-lay thâet man
Caribbean Sea	ทะเลแคริบเบียน	thá-lay khae-ríp-bian
Barents Sea	ทะเลบาเรนท์	thá-lay baa-rayn
Kara Sea	ทะเลคารา	thá-lay khaa-raa
North Sea	ทะเลเหนือ	thá-lay něua
Baltic Sea	ทะเลบอลติก	thá-lay bon-dtìk
Norwegian Sea	ทะเลนอรเวย์	thá-lay nor-rá-way

127. Mountains

mountain	ภูเขา	phoo khǎo
mountain range	ทิวเขา	thiw khǎo
mountain ridge	สันเขา	sǎn khǎo
summit, top	ยอดเขา	yôrt khǎo
peak	ยอด	yôrt
foot (~ of the mountain)	ตีนเขา	dteun khǎo
slope (mountainside)	ไหล่เขา	lài khǎo
volcano	ภูเขาไฟ	phoo khǎo fai
active volcano	ภูเขาไฟมีพลัง	phoo khǎo fai mee phá-lang

dormant volcano	ภูเขาไฟที่ดับแล้ว	phoo khăo fai thêe dàp láew
eruption	ภูเขาไฟระเบิด	phoo khăo fai rá-bèrt
crater	ปล่องภูเขาไฟ	bplòng phoo khăo fai
magma	หินหนืด	hĭn nèut
lava	ลาวา	laa-waa
molten (~ lava)	หลอมเหลว	lŏrm lĕo

canyon	หุบเขาลึก	hùp khăo léuk
gorge	ซองเขา	chôrng khăo
crevice	รอยแตกภูเขา	roi dtàek phoo khăo
abyss (chasm)	หุบเหวลึก	hùp wăy léuk

pass, col	ทางผ่าน	thaang phàan
plateau	ที่ราบสูง	thêe râap sŏong
cliff	หน้าผา	nâa phăa
hill	เนินเขา	nern khăo

glacier	ธารน้ำแข็ง	thaan náam khăeng
waterfall	น้ำตก	nám dtòk
geyser	น้ำพุร้อน	nám phú rórn
lake	ทะเลสาบ	thá-lay sàap

plain	ที่ราบ	thêe râap
landscape	ภูมิทัศน์	phoom thát
echo	เสียงสะท้อน	sĭang sà-thón

alpinist	นักปีนเขา	nák bpeen khăo
rock climber	นักไต่เขา	nák dtài khăo
to conquer (in climbing)	ไต่เขาถึงยอด	dtài khăo thĕung yôt
climb (an easy ~)	การปีนเขา	gaan bpeen khăo

128. Mountains names

The Alps	เทือกเขาแอลป์	thêuak-khăo-aen
Mont Blanc	ยอดเขามงบล็อง	yôt khăo mong-bà-lŏng
The Pyrenees	เทือกเขาไพรีนีส	thêuak khăo pai-ree-nêet
The Carpathians	เทือกเขาคารเพเทียน	thêuak khăo khaa-phay-thian

The Ural Mountains	เทือกเขายูรัล	thêuak khăo yoo-ran
The Caucasus Mountains	เทือกเขาคอเคซัส	thêuak khăo khor-khay-sát
Mount Elbrus	ยอดเขาเอลบรุส	yôt khăo ayn-brùt

The Altai Mountains	เทือกเขาอัลไต	thêuak khăo an-dtai
The Tian Shan	เทือกเขาเทียนชาน	thêuak khăo thian-chaan
The Pamir Mountains	เทือกเขาพาเมียร์	thêuak khăo paa-mia
The Himalayas	เทือกเขาหิมาลัย	thêuak khăo hì-maa-lai
Mount Everest	ยอดเขาเอเวอเรสต์	yôt khăo ay-wer-râyt
The Andes	เทือกเขาแอนดีส	thêuak-khăo-aen-dèet
Mount Kilimanjaro	ยอดเขาคิลิมันจาโร	yôt khăo khí-lí-man-jaa-roh

129. Rivers

river	แม่น้ำ	mâe náam
spring (natural source)	แหล่งน้ำแร่	làeng náam râe
riverbed (river channel)	เส้นทางแม่น้ำ	sên thaang mâe náam
basin (river valley)	ลุ่มน้ำ	lûm náam
to flow into ...	ไหลไปสู่...	lǎi bpai sòo...
tributary	สาขา	sǎa-khǎa
bank (of river)	ฝั่งแม่น้ำ	fàng mâe náam
current (stream)	กระแสน้ำ	grà-sǎe náam
downstream (adv)	ตามกระแสน้ำ	dtaam grà-sǎe náam
upstream (adv)	ทวนน้ำ	thuan náam
inundation	น้ำท่วม	nám thûam
flooding	น้ำท่วม	nám thûam
to overflow (vi)	เอ่อล้น	èr lón
to flood (vt)	ท่วม	thûam
shallow (shoal)	บริเวณน้ำตื้น	bor-rí-wayn nám dtêun
rapids	กระแสน้ำเชี่ยว	grà-sǎe nám-chîeow
dam	เขื่อน	khèuan
canal	คลอง	khlorng
reservoir (artificial lake)	ที่เก็บกักน้ำ	thêe gèp gàk náam
sluice, lock	ประตูระบายน้ำ	bprà-dtoo rá-baai náam
water body (pond, etc.)	พื้นน้ำ	phéun náam
swamp (marshland)	บึง	beung
bog, marsh	ห้วย	hûay
whirlpool	น้ำวน	nám won
stream (brook)	ลำธาร	lam thaan
drinking (ab. water)	น้ำดื่มได้	nám dèum dâai
fresh (~ water)	น้ำจืด	nám jèut
ice	น้ำแข็ง	nám khǎeng
to freeze over (ab. river, etc.)	แชแข็ง	châe khǎeng

130. Rivers' names

Seine	แม่น้ำเซน	mâe náam sayn
Loire	แม่น้ำลัวร์	mâe-náam lua
Thames	แม่น้ำเทมส์	mâe-náam them
Rhine	แม่น้ำไรน์	mâe-náam rai
Danube	แม่น้ำดานูบ	mâe-náam daa-nôop

Volga	แม่น้ำวอลกา	mâe-náam won-gaa
Don	แม่น้ำดอน	mâe-náam don
Lena	แม่น้ำลีนา	mâe-náam lee-naa
Yellow River	แม่น้ำหวง	mâe-náam hŭang
Yangtze	แม่น้ำแยงซี	mâe-náam yaeng-see
Mekong	แม่น้ำโขง	mâe-náam khŏhng
Ganges	แม่น้ำคงคา	mâe-náam khong-khaa
Nile River	แม่น้ำไนล์	mâe-náam nai
Congo River	แม่น้ำคองโก	mâe-náam khong-goh
Okavango River	แม่น้ำโอคาวังโก	mâe-náam oh-khaa wang goh
Zambezi River	แม่น้ำแซมบีซี	mâe-náam saem bee see
Limpopo River	แม่น้ำลิมโปโป	mâe-náam lim-bpoh-bpoh
Mississippi River	แม่น้ำมิสซิสซิปปี	mâe-náam mít-sít-síp-bpee

131. Forest

forest, wood	ป่าไม้	bpàa máai
forest (as adj)	ป่า	bpàa
thick forest	ป่าทึบ	bpàa théup
grove	ป่าละเมาะ	bpàa lá-mór
forest clearing	ทุ่งโล่ง	thûng lôhng
thicket	ป่าละเมาะ	bpàa lá-mór
scrubland	ป่าละเมาะ	bpàa lá-mór
footpath (troddenpath)	ทางเดิน	thaang dern
gully	ร่องธาร	rông thaan
tree	ต้นไม้	dtôn máai
leaf	ใบไม้	bai máai
leaves (foliage)	ใบไม้	bai máai
fall of leaves	ใบไม้ร่วง	bai máai rûang
to fall (ab. leaves)	ร่วง	rûang
top (of the tree)	ยอด	yôrt
branch	กิ่ง	gìng
bough	ก้านไม้	gâan mái
bud (on shrub, tree)	ยอดอ่อน	yôrt òrn
needle (of pine tree)	เข็ม	khĕm
pine cone	ลูกสน	lôok sŏn
tree hollow	โพรงไม้	phrohng máai
nest	รัง	rang
burrow (animal hole)	โพรง	phrohng

trunk	ลำต้น	lam dtôn
root	ราก	râak
bark	เปลือกไม้	bplèuak máai
moss	มอส	môt

to uproot (remove trees or tree stumps)	ถอนราก	thŏrn râak
to chop down	โค่น	khôhn
to deforest (vt)	ตัดไม้ทำลายป่า	dtàt mái tham laai bpàa
tree stump	ตอไม้	dtor máai

campfire	กองไฟ	gorng fai
forest fire	ไฟป่า	fai bpàa
to extinguish (vt)	ดับไฟ	dàp fai

forest ranger	เจ้าหน้าที่ดูแลป่า	jâo nâa-thêe doo lae bpàa
protection	การปกป้อง	gaan bpòk bpôrng
to protect (~ nature)	ปกป้อง	bpòk bpôrng
poacher	นักลอบล่าสัตว์	nák lôrp lâa sàt
steel trap	กับดักเหล็ก	gàp dàk lèk

| to gather, to pick (vt) | เก็บ | gèp |
| to lose one's way | หลงทาง | lŏng thaang |

132. Natural resources

natural resources	ทรัพยากรธรรมชาติ	sáp-pá-yaa-gon tham-má-châat
minerals	แร่	râe
deposits	ตะกอน	dtà-gorn
field (e.g., oilfield)	บ่อ	bòr

to mine (extract)	ขุดแร่	khùt râe
mining (extraction)	การขุดแร่	gaan khùt râe
ore	แร่	râe
mine (e.g., for coal)	เหมืองแร่	měuang râe
shaft (mine ~)	ช่องเหมือง	chôrng měuang
miner	คนงานเหมือง	khon ngaan měuang

| gas (natural ~) | แก๊ส | gáet |
| gas pipeline | ท่อแก๊ส | thôr gáet |

oil (petroleum)	น้ำมัน	nám man
oil pipeline	ท่อน้ำมัน	thôr náam man
oil well	บ่อน้ำมัน	bòr náam man
derrick (tower)	ปั้นจั่นขนาดใหญ่	bpân jàn khà-nàat yài
tanker	เรือบรรทุกน้ำมัน	reua ban-thúk nám man

| sand | ทราย | saai |
| limestone | หินปูน | hĭn bpoon |

gravel	กรวด	grùat
peat	พีต	phêet
clay	ดินเหนียว	din nĭeow
coal	ถ่านหิน	thàan hĭn
iron (ore)	เหล็ก	lèk
gold	ทอง	thorng
silver	เงิน	ngern
nickel	นิเกิล	ní-gêrn
copper	ทองแดง	thorng daeng
zinc	สังกะสี	săng-gà-sĕe
manganese	แมงกานีส	maeng-gaa-nêet
mercury	ปรอท	bpa -ròrt
lead	ตะกั่ว	dtà-gùa
mineral	แร่	râe
crystal	ผลึก	phà-lèuk
marble	หินอ่อน	hĭn òrn
uranium	ยูเรเนียม	yoo-ray-niam

The Earth. Part 2

133. Weather

weather	สภาพอากาศ	sà-phâap aa-gàat
weather forecast	พยากรณ์ สภาพอากาศ	phá-yaa-gon sà-phâap aa-gàat
temperature	อุณหภูมิ	un-hà-phoom
thermometer	ปรอทวัดอุณหภูมิ	bpà-ròrt wát un-hà-phoom
barometer	เครื่องวัดความดันบรรยากาศ	khrêuang wát khwaam dan ban-yaa-gàat
humid (adj)	ชื้น	chéun
humidity	ความชื้น	khwaam chéun
heat (extreme ~)	ความร้อน	khwaam rórn
hot (torrid)	ร้อน	rórn
it's hot	มันร้อน	man rórn
it's warm	มันอุ่น	man ùn
warm (moderately hot)	อุ่น	ùn
it's cold	อากาศเย็น	aa-gàat yen
cold (adj)	เย็น	yen
sun	ดวงอาทิตย์	duang aa-thít
to shine (vi)	สองแสง	sòrng săeng
sunny (day)	มีแสงแดด	mee săeng dàet
to come up (vi)	ขึ้น	khêun
to set (vi)	ตก	dtòk
cloud	เมฆ	mâyk
cloudy (adj)	มีเมฆมาก	mee mâyk mâak
rain cloud	เมฆฝน	mâyk fŏn
somber (gloomy)	มืดครึ้ม	mêut khréum
rain	ฝน	fŏn
it's raining	ฝนตก	fŏn dtòk
rainy (~ day, weather)	ฝนตก	fŏn dtòk
to drizzle (vi)	ฝนปรอย	fŏn bproi
pouring rain	ฝนตกหนัก	fŏn dtòk nàk
downpour	ฝนห่าใหญ่	fŏn hàa yài
heavy (e.g., ~ rain)	หนัก	nàk
puddle	หลุมน้ำ	lòm nám
to get wet (in rain)	เปียก	bpìak

fog (mist)	หมอก	mòrk
foggy	หมอกจัด	mòrk jàt
snow	หิมะ	hì-má
it's snowing	หิมะตก	hì-má dtòk

134. Severe weather. Natural disasters

thunderstorm	พายุฟ้าคะนอง	phaa-yú fáa khá-nong
lightning (~ strike)	ฟ้าผ่า	fáa phàa
to flash (vi)	แลบ	lâep
thunder	ฟ้าคะนอง	fáa khá-norng
to thunder (vi)	มีฟ้าคะนอง	mee fáa khá-norng
it's thundering	มีฟ้าร้อง	mee fáa rórng
hail	ลูกเห็บ	lôok hèp
it's hailing	มีลูกเห็บตก	mee lôok hèp dtòk
to flood (vt)	ท่วม	thûam
flood, inundation	น้ำท่วม	nám thûam
earthquake	แผ่นดินไหว	phàen din wǎi
tremor, shoke	ไหว	wǎi
epicenter	จุดเหนือศูนย์แผ่นดินไหว	jùt něua sǒon phàen din wǎi
eruption	ภูเขาไฟระเบิด	phoo khǎo fai rá-bèrt
lava	ลาวา	laa-waa
twister	พายุหมุน	phaa-yú mǔn
tornado	พายุทอร์เนโด	phaa-yú thor-nay-doh
typhoon	พายุไต้ฝุ่น	phaa-yú dtâi fùn
hurricane	พายุเฮอร์ริเคน	phaa-yú her-rí-khayn
storm	พายุ	phaa-yú
tsunami	คลื่นสึนามิ	khlêun sèu-naa-mí
cyclone	พายุไซโคลน	phaa-yú sai-khlohn
bad weather	อากาศไม่ดี	aa-gàat mâi dee
fire (accident)	ไฟไหม้	fai mâi
disaster	ความหายนะ	khwaam hǎa-yá-ná
meteorite	อุกกาบาต	ùk-gaa-bàat
avalanche	หิมะถล่ม	hì-má thà-lòm
snowslide	หิมะถล่ม	hì-má thà-lòm
blizzard	พายุหิมะ	phaa-yú hì-má
snowstorm	พายุหิมะ	phaa-yú hì-má

Fauna

135. Mammals. Predators

predator	สัตว์กินเนื้อ	sàt gin néua
tiger	เสือ	sěua
lion	สิงโต	sǐng dtoh
wolf	หมาป่า	mǎa bpàa
fox	หมาจิ้งจอก	mǎa jîng-jòk
jaguar	เสือจากัวร์	sěua jaa-gua
leopard	เสือดาว	sěua daao
cheetah	เสือชีตาห์	sěua chee-dtaa
black panther	เสือดำ	sěua dam
puma	สิงโตภูเขา	sǐng-dtoh poo khǎo
snow leopard	เสือดาวหิมะ	sěua daao hì-má
lynx	แมวป่า	maew bpàa
coyote	โคโยตี้	khoh-yoh-dtêe
jackal	หมาจิ้งจอกทอง	mǎa jîng-jòk thorng
hyena	ไฮยีนา	hai-yee-naa

136. Wild animals

animal	สัตว์	sàt
beast (animal)	สัตว์	sàt
squirrel	กระรอก	grà rôk
hedgehog	เมน	mâyn
hare	กระต่ายป่า	grà-dtàai bpàa
rabbit	กระต่าย	grà-dtàai
badger	แบดเจอร์	baet-jer
raccoon	แร็คคูน	ráek khoon
hamster	หนูแฮมสเตอร์	nǒo haem-sà-dtêr
marmot	มารมอต	maa-môt
mole	ตุ่น	dtùn
mouse	หนู	nǒo
rat	หนู	nǒo
bat	ค้างคาว	kháang khaao
ermine	เออร์มิน	er-min
sable	เซเบิล	say bern

marten	มาร์เทิน	maa thern
weasel	เพียงพอน	phiang phon
	สีน้ำตาล	sĕe nám dtaan
mink	เพียงพอน	phiang phorn

| beaver | บีเวอร์ | bee-wer |
| otter | นาก | nâak |

horse	ม้า	máa
moose	กวางมูส	gwaang môot
deer	กวาง	gwaang
camel	อูฐ	òot

bison	วัวป่า	wua bpàa
wisent	วัวป่าออรอช	wua bpàa or rôt
buffalo	ควาย	khwaai
zebra	มาลาย	máa laai
antelope	แอนทีโลป	aen-thi-lòp
roe deer	กวางโรเดียร์	gwaang roh-dia
fallow deer	กวางแฟลโลว์	gwaang flae-loh
chamois	เลียงผา	liang-phăa
wild boar	หมูป่า	mŏo bpàa

whale	วาฬ	waan
seal	แมวน้ำ	maew náam
walrus	ช้างน้ำ	cháang náam
fur seal	แมวน้ำมีขน	maew náam mee khŏn
dolphin	โลมา	loh-maa

bear	หมี	mĕe
polar bear	หมีขั้วโลก	mĕe khûa lôhk
panda	หมีแพนดา	mĕe phaen-dâa

monkey	ลิง	ling
chimpanzee	ลิงชิมแปนซี	ling chim-bpaen-see
orangutan	ลิงอุรังอุตัง	ling u-rang-u-dtang
gorilla	ลิงกอริลลา	ling gor-rin-lâa
macaque	ลิงแม็กแคก	ling mâk-khâk
gibbon	ชะนี	chá-nee

elephant	ช้าง	cháang
rhinoceros	แรด	râet
giraffe	ยีราฟ	yee-râaf
hippopotamus	ฮิปโปโปเตมัส	híp-bpoh-bpoh-dtay-mát

| kangaroo | จิงโจ้ | jing-jôh |
| koala (bear) | หมีโคอาล่า | mĕe khoh aa lâa |

mongoose	พังพอน	phang phon
chinchilla	คินคิลลา	khin-khin laa
skunk	สกั๊งก์	sà-gang
porcupine	เม่น	mâyn

137. Domestic animals

cat	แมวตัวเมีย	maew dtua mia
tomcat	แมวตัวผู้	maew dtua phôo
dog	สุนัข	sù-nák
horse	ม้า	máa
stallion (male horse)	ม้าตัวผู้	máa dtua phôo
mare	ม้าตัวเมีย	máa dtua mia
cow	วัว	wua
bull	กระทิง	grà-thing
ox	วัว	wua
sheep (ewe)	แกะตัวเมีย	gàe dtua mia
ram	แกะตัวผู้	gàe dtua phôo
goat	แพะตัวเมีย	pháe dtua mia
billy goat, he-goat	แพะตัวผู้	pháe dtua phôo
donkey	ลา	laa
mule	ลอ	lôr
pig, hog	หมู	mŏo
piglet	ลูกหมู	lôok mŏo
rabbit	กระต่าย	grà-dtàai
hen (chicken)	ไก่ตัวเมีย	gài dtua mia
rooster	ไก่ตัวผู้	gài dtua phôo
duck	เป็ดตัวเมีย	bpèt dtua mia
drake	เป็ดตัวผู้	bpèt dtua phôo
goose	ห่าน	hàan
tom turkey, gobbler	ไก่งวงตัวผู้	gài nguang dtua phôo
turkey (hen)	ไก่งวงตัวเมีย	gài nguang dtua mia
domestic animals	สัตว์เลี้ยง	sàt líang
tame (e.g., ~ hamster)	เลี้ยง	líang
to tame (vt)	เชื่อง	chêuang
to breed (vt)	ขยายพันธุ์	khà-yăai phan
farm	ฟาร์ม	faam
poultry	สัตว์ปีก	sàt bpèek
cattle	วัวควาย	wua khwaai
herd (cattle)	ฝูง	fŏong
stable	คอกม้า	khôrk máa
pigpen	คอกหมู	khôrk mŏo
cowshed	คอกวัว	khôrk wua
rabbit hutch	คอกกระต่าย	khôrk grà-dtàai
hen house	เล้าไก่	láo gài

138. Birds

bird	นก	nók
pigeon	นกพิราบ	nók phí-râap
sparrow	นกกระจิบ	nók grà-jìp
tit (great tit)	นกติ๊ด	nók dtít
magpie	นกสาลิกา	nók sǎa-lí gaa
raven	นกอีกา	nók ee-gaa
crow	นกกา	nók gaa
jackdaw	นกจำพวกกา	nók jam phûak gaa
rook	นกการูด	nók gaa róok
duck	เป็ด	bpèt
goose	ห่าน	hàan
pheasant	ไก่ฟ้า	gài fáa
eagle	นกอินทรี	nók in-see
hawk	นกเหยี่ยว	nók yìeow
falcon	นกเหยี่ยว	nók yìeow
vulture	นกแร้ง	nók ráeng
condor (Andean ~)	นกแร้งขนาดใหญ่	nók ráeng kà-nàat yài
swan	นกหงส์	nók hǒng
crane	นกกระเรียน	nók grà rian
stork	นกกระสา	nók grà-sǎa
parrot	นกแก้ว	nók gâew
hummingbird	นกฮัมมิ่งเบิร์ด	nók ham-mîng-bèrt
peacock	นกยูง	nók yoong
ostrich	นกกระจอกเทศ	nók grà-jòrk-thâyt
heron	นกยาง	nók yaang
flamingo	นกฟลามิงโก	nók flaa-ming-goh
pelican	นกกระทุง	nók-grà-thung
nightingale	นกไนติงเกล	nók-nai-dting-gayn
swallow	นกนางแอ่น	nók naang-àen
thrush	นกเดินดง	nók dern dong
song thrush	นกเดินดงร้องเพลง	nók dern dong rórng phlayng
blackbird	นกเดินดงสีดำ	nók-dern-dong sěe dam
swift	นกแอ่น	nók àen
lark	นกลาร์ค	nók lâak
quail	นกคุ่ม	nók khûm
woodpecker	นกหัวขวาน	nók hǔa khwǎan
cuckoo	นกดุเหว่า	nók dù hǎy wâa
owl	นกฮูก	nók hôok

eagle owl	นกเค้าใหญ่	nók kháo yài
wood grouse	ไก่ป่า	gài bpàa
black grouse	ไก่ดำ	gài dam
partridge	นกกระทา	nók-grà-thaa
starling	นกกิ้งโครง	nók-gîng-khrohng
canary	นกขุนมั่น	nók khà-mîn
hazel grouse	ไก่น้ำตาล	gài nám dtaan
chaffinch	นกจาบ	nók-jàap
bullfinch	นกบูลฟีนซ์	nók boon-fin
seagull	นกนางนวล	nók naang-nuan
albatross	นกอัลบาทรอส	nók an-baa-thrôt
penguin	นกเพนกวิน	nók phayn-gwin

139. Fish. Marine animals

bream	ปลาบรีม	bplaa bpreem
carp	ปลาคาร์ป	bplaa khâap
perch	ปลาเพิร์ช	bplaa phêrt
catfish	ปลาดุก	bplaa-dùk
pike	ปลาไพค์	bplaa phai
salmon	ปลาแซลมอน	bplaa saen-morn
sturgeon	ปลาสเตอรเจียน	bpláa sà-dtêr jian
herring	ปลาเฮอร์ริง	bplaa her-ring
Atlantic salmon	ปลาแซลมอนแอตแลนติก	bplaa saen-mon àet-laen-dtìk
mackerel	ปลาซาบะ	bplaa saa-bà
flatfish	ปลาลิ้นหมา	bplaa lín-măa
zander, pike perch	ปลาไพค์เพิร์ช	bplaa phái phert
cod	ปลาค็อด	bplaa khót
tuna	ปลาทูน่า	bplaa thoo-nâa
trout	ปลาเทราท์	bplaa thrau
eel	ปลาไหล	bplaa lăi
electric ray	ปลากระเบนไฟฟ้า	bplaa grà-bayn-fai-fáa
moray eel	ปลาไหลมอเรย์	bplaa lăi mor-ray
piranha	ปลาปิรันยา	bplaa bpì-ran-yâa
shark	ปลาฉลาม	bplaa chà-lăam
dolphin	โลมา	loh-maa
whale	วาฬ	waan
crab	ปู	bpoo
jellyfish	แมงกะพรุน	maeng gà-phrun
octopus	ปลาหมึก	bplaa mèuk
starfish	ปลาดาว	bplaa daao

sea urchin	หอยเม่น	hŏi mâyn
seahorse	ม้าน้ำ	máa nám
oyster	หอยนางรม	hŏi naang rom
shrimp	กุ้ง	gûng
lobster	กุ้งมังกร	gûng mang-gon
spiny lobster	กุ้งมังกร	gûng mang-gon

140. Amphibians. Reptiles

snake	งู	ngoo
venomous (snake)	พิษ	phít
viper	งูแมวเซา	ngoo maew sao
cobra	งูเห่า	ngoo hào
python	งูเหลือม	ngoo lĕuam
boa	งูโบอา	ngoo boh-aa
grass snake	งูเล็กที่ไม่เป็นอันตราย	ngoo lék thêe mâi bpen an-dtà-raai
rattle snake	งูหางกระดิ่ง	ngoo hăang grà-dìng
anaconda	งูอนาคอนดา	ngoo a-naa-khon-daa
lizard	กิ้งก่า	gîng-gàa
iguana	อีกัวนา	ee gua naa
monitor lizard	กิ้งก่ามอนิเตอร์	gîng-gàa mor-ní-dtêr
salamander	ซาลาแมนเดอร์	saa-laa-maen-dêr
chameleon	กิ้งก่าคามิเลียน	gîng-gàa khaa-mí-lian
scorpion	แมงป่อง	maeng bpòrng
turtle	เต่า	dtào
frog	กบ	gòp
toad	คางคก	khaang-kók
crocodile	จระเข้	jor-rá-khây

141. Insects

insect, bug	แมลง	má-laeng
butterfly	ผีเสื้อ	phĕe sêua
ant	มด	mót
fly	แมลงวัน	má-laeng wan
mosquito	ยุง	yung
beetle	แมลงปีกแข็ง	má-laeng bpèek khăeng
wasp	ต่อ	dtòr
bee	ผึ้ง	phêung
bumblebee	ผึ้งบัมเบิลบี	phêung bam-bern bee
gadfly (botfly)	เหลือบ	lèuap

spider	แมงมุม	maeng mum
spiderweb	ใยแมงมุม	yai maeng mum
dragonfly	แมลงปอ	má-laeng bpor
grasshopper	ตั๊กแตน	dták-gà-dtaen
moth (night butterfly)	ผีเสื้อกลางคืน	phěe sêua glaang kheun
cockroach	แมลงสาบ	má-laeng sàap
tick	เห็บ	hèp
flea	หมัด	màt
midge	ริ้น	rín
locust	ตั๊กแตน	dták-gà-dtaen
snail	หอยทาก	hǒi thâak
cricket	จิ้งหรีด	jîng-rèet
lightning bug	หิ่งห้อย	hìng-hôi
ladybug	แมลงเต่าทอง	má-laeng dtào thorng
cockchafer	แมงอีนูน	maeng ee noon
leech	ปลิง	bpling
caterpillar	บุ้ง	bûng
earthworm	ไส้เดือน	sâi deuan
larva	ตัวอ่อน	dtua òrn

Flora

142. Trees

tree	ต้นไม้	dtôn máai
deciduous (adj)	ผลัดใบ	phlàt bai
coniferous (adj)	สน	sŏn
evergreen (adj)	ซึ่งเขียวชอุ่มตลอดปี	sĕung khĭeow chá-ùm dtà-lòrt bpee
apple tree	ต้นแอปเปิ้ล	dtôn àep-bpêrn
pear tree	ต้นแพร์	dtôn phae
sweet cherry tree	ต้นเชอร์รี่ป่า	dtôn cher-rêe bpàa
sour cherry tree	ต้นเชอร์รี่	dtôn cher-rêe
plum tree	ต้นพลัม	dtôn phlam
birch	ต้นเบิร์ช	dtôn bèrt
oak	ต้นโอ๊ค	dtôn óhk
linden tree	ต้นไม้ดอกเหลือง	dtôn máai dòrk lĕuang
aspen	ต้นแอสเพน	dtôn ae sà-phayn
maple	ต้นเมเปิ้ล	dtôn may bpêrn
spruce	ต้นเฟอร์	dtôn fer
pine	ต้นเกี๊ยะ	dtôn gía
larch	ต้นลารช์	dtôn lâat
fir tree	ต้นเฟอร์	dtôn fer
cedar	ต้นซีดาร์	dtôn-see-daa
poplar	ต้นปอปลาร์	dtôn bpor-bplaa
rowan	ต้นโรแวน	dtôn-roh-waen
willow	ต้นวิลโลว์	dtôn win-loh
alder	ต้นอัลเดอร์	dtôn an-dêr
beech	ต้นบีช	dtôn bèet
elm	ต้นเอลม	dtôn elm
ash (tree)	ต้นแอช	dtôn aesh
chestnut	ต้นเกาลัด	dtôn gao lát
magnolia	ต้นแมกโนเลีย	dtôn mâek-noh-lia
palm tree	ต้นปาล์ม	dtôn bpaam
cypress	ต้นไซเปรส	dtôn-sai-bpràyt
mangrove	ต้นโกงกาง	dtôn gohng gaang
baobab	ต้นเบาบับ	dtôn bao-bàp
eucalyptus	ต้นยูคาลิปตัส	dtôn yoo-khaa-líp-dtàt
sequoia	ต้นสนซีควัยยา	dtôn sŏn see kua yaa

143. Shrubs

bush	พุ่มไม้	phûm máai
shrub	ต้นไม้พุ่ม	dtôn máai phûm
grapevine	ต้นองุ่น	dtôn a-ngùn
vineyard	ไร่องุ่น	râi a-ngùn
raspberry bush	พุ่มราสเบอร์รี่	phûm râat-ber-rêe
blackcurrant bush	พุ่มแบล็คเคอร์แรนท์	phûm blàek-khêr-raen
redcurrant bush	พุ่มเรดเคอร์แรนท	phûm râyt-khêr-raen
gooseberry bush	พุ่มกูสเบอร์รี่	phûm gòot-ber-rêe
acacia	ต้นอาเคเชีย	dtôn aa-khay-chia
barberry	ต้นบาร์เบอร์รี่	dtôn baa-ber-rêe
jasmine	มะลิ	má-lí
juniper	ต้นจูนิเปอร์	dtôn joo-ní-bper
rosebush	พุ่มกุหลาบ	phûm gù làap
dog rose	พุ่มด็อกโรส	phûm dòrk-rôht

144. Fruits. Berries

fruit	ผลไม้	phǒn-lá-máai
fruits	ผลไม้	phǒn-lá-máai
apple	แอปเปิ้ล	àep-bpêrn
pear	ลูกแพร	lôok phae
plum	พลัม	phlam
strawberry (garden ~)	สตรอว์เบอร์รี่	sà-dtror-ber-rêe
sour cherry	เชอร์รี่	cher-rêe
sweet cherry	เชอร์รี่ป่า	cher-rêe bpàa
grape	องุ่น	a-ngùn
raspberry	ราสเบอร์รี่	râat-ber-rêe
blackcurrant	แบล็คเคอร์แรนท์	blàek khêr-raen
redcurrant	เรดเคอร์แรนท	râyt-khêr-raen
gooseberry	กูสเบอร์รี่	gòot-ber-rêe
cranberry	แครนเบอร์รี่	khraen-ber-rêe
orange	ส้ม	sôm
mandarin	ส้มแมนดาริน	sôm maen daa rin
pineapple	สับปะรด	sàp-bpà-rót
banana	กล้วย	glûay
date	อินทผลัม	in-thá-phâ-lam
lemon	เลมอน	lay-mon
apricot	แอปริคอท	ae-bprì-khôrt

peach	ลูกท้อ	lôok thór
kiwi	กีวี	gee wee
grapefruit	สัมโอ	sôm oh
berry	เบอร์รี่	ber-rêe
berries	เบอร์รี่	ber-rêe
cowberry	คาวเบอร์รี่	khaao-ber-rêe
wild strawberry	สตรอวเบอร์รี่ป่า	sá-dtrorw ber-rêe bpàa
bilberry	บิลเบอร์รี่	bil-ber-rêe

145. Flowers. Plants

flower	ดอกไม้	dòrk máai
bouquet (of flowers)	ช่อดอกไม้	chôr dòrk máai
rose (flower)	ดอกกุหลาบ	dòrk gù làap
tulip	ดอกทิวลิป	dòrk thiw-líp
carnation	ดอกคาร์เนชั่น	dòrk khaa-nay-chân
gladiolus	ดอกแกลดิโอลัส	dòrk gaen-dì-oh-lát
cornflower	ดอกคอร์นฟลาวเวอร์	dòrk khon-flaao-wer
harebell	ดอกระฆัง	dòrk rá-khang
dandelion	ดอกแดนดิไลออน	dòrk daen-dì-lai-on
camomile	ดอกคาโมมายล์	dòrk khaa-moh maai
aloe	ว่านหางจระเข้	wâan-hăang-jor-rá-khây
cactus	ตะบองเพชร	dtà-bong-phét
rubber plant, ficus	ต้นเลียบ	dtôn lîap
lily	ดอกลิลลี่	dòrk lí-lêe
geranium	ดอกเจอราเนียม	dòrk jer-raa-niam
hyacinth	ดอกไฮอะซินท์	dòrk hai-a-sin
mimosa	ดอกไมยราบ	dòrk mai râap
narcissus	ดอกนาร์ซิสซัส	dòrk naa-sít-sát
nasturtium	ดอกแนสเตอร์ชัม	dòrk nâet-dtêr-cham
orchid	ดอกกล้วยไม้	dòrk glûay máai
peony	ดอกโบตั๋น	dòrk boh-dtăn
violet	ดอกไวโอเล็ต	dòrk wai-oh-lét
pansy	ดอกแพนซี	dòrk phaen-see
forget-me-not	ดอกฟอร์เก็ตมีน็อต	dòrk for-gèt-mee-nót
daisy	ดอกเดซี	dòrk day see
poppy	ดอกป๊อปปี้	dòrk bpóp-bpêe
hemp	กัญชา	gan chaa
mint	สะระแหน่	sà-rá-nàe
lily of the valley	ดอกลิลลี่แห่งหุบเขา	dòrk lí-lá-lêe hàeng hùp khăo

snowdrop	ดอกหยาดหิมะ	dòrk yàat hì-má
nettle	ตำแย	dtam-yae
sorrel	ซอรเรล	sor-rayn
water lily	บัว	bua
fern	เฟิร์น	fern
lichen	ไลเคน	lai-khayn
conservatory (greenhouse)	เรือนกระจก	reuan grà-jòk
lawn	สนามหญ้า	sà-nǎam yâa
flowerbed	สนามดอกไม้	sà-nǎam-dòrk-máai
plant	พืช	phêut
grass	หญ้า	yâa
blade of grass	ใบหญ้า	bai yâa
leaf	ใบไม้	bai máai
petal	กลีบดอก	glèep dòrk
stem	ลำต้น	lam dtôn
tuber	หัวใต้ดิน	hǔa dtâi din
young plant (shoot)	ต้นอ่อน	dtôn òrn
thorn	หนาม	nǎam
to blossom (vi)	บาน	baan
to fade, to wither	เหี่ยว	hìeow
smell (odor)	กลิ่น	glìn
to cut (flowers)	ตัด	dtàt
to pick (a flower)	เด็ด	dèt

146. Cereals, grains

grain	เมล็ด	má-lét
cereal crops	ธัญพืช	than-yá-phêut
ear (of barley, etc.)	รวงข้าว	ruang khâao
wheat	ข้าวสาลี	khâao sǎa-lee
rye	ข้าวไรย์	khâao rai
oats	ข้าวโอต	khâao óht
millet	ข้าวฟ่าง	khâao fâang
barley	ข้าวบาร์เลย์	khâao baa-lây
corn	ข้าวโพด	khâao-phôht
rice	ข้าว	khâao
buckwheat	บัควีท	bàk-wêet
pea plant	ถั่วลันเตา	thùa-lan-dtao
kidney bean	ถั่วรูปไต	thùa rôop dtai
soy	ถั่วเหลือง	thùa lěuang
lentil	ถั่วเลนทิล	thùa layn thin
beans (pulse crops)	ถั่ว	thùa

COUNTRIES. NATIONALITIES

147. Western Europe

Europe	ยุโรป	yú-ròhp
European Union	สหภาพยุโรป	sà-hà phâap yú-rôhp
Austria	ประเทศออสเตรีย	bprà-thâyt òt-dtria
Great Britain	บริเตนใหญ่	brì-dtayn yài
England	ประเทศอังกฤษ	bprà-thâyt ang-grìt
Belgium	ประเทศเบลเยียม	bprà-thâyt bayn-yiam
Germany	ประเทศเยอรมนี	bprà-thâyt yer-rá-ma-nee
Netherlands	ประเทศเนเธอร์แลนด์	bprà-thâyt nay-ther-laen
Holland	ประเทศฮอลแลนด์	bprà-thâyt hon-laen
Greece	ประเทศกรีซ	bprà-thâyt grèet
Denmark	ประเทศเดนมาร์ก	bprà-thâyt dayn-màak
Ireland	ประเทศไอร์แลนด์	bprà-thâyt ai-laen
Iceland	ประเทศไอซ์แลนด์	bprà-thâyt ai-laen
Spain	ประเทศสเปน	bprà-thâyt sà-bpayn
Italy	ประเทศอิตาลี	bprà-thâyt i-dtaa-lee
Cyprus	ประเทศไซปรัส	bprà-thâyt sai-bpràt
Malta	ประเทศมอลตา	bprà-thâyt mon-dtaa
Norway	ประเทศนอร์เวย์	bprà-thâyt nor-way
Portugal	ประเทศโปรตุเกส	bprà-thâyt bproh-dtù-gàyt
Finland	ประเทศฟินแลนด์	bprà-thâyt fin-laen
France	ประเทศฝรั่งเศส	bprà-thâyt fà-ràng-sàyt
Sweden	ประเทศสวีเดน	bprà-thâyt sà-wěe-dayn
Switzerland	ประเทศสวิตเซอร์แลนด์	bprà-thâyt sà-wìt-sêr-laen
Scotland	ประเทศสก็อตแลนด์	bprà-thâyt sà-gòt-laen
Vatican	นครรัฐวาติกัน	ná-khon rát waa-dtì-gan
Liechtenstein	ประเทศลิกเตนสไตน์	bprà-thâyt lík-tay-ná-sà-dtai
Luxembourg	ประเทศลักเซมเบิร์ก	bprà-thâyt lák-saym-bèrk
Monaco	ประเทศโมนาโก	bprà-thâyt moh-naa-goh

148. Central and Eastern Europe

| Albania | ประเทศแอลเบเนีย | bprà-thâyt aen-bay-nia |
| Bulgaria | ประเทศบัลแกเรีย | bprà-thâyt ban-gae-ria |

Hungary	ประเทศฮังการี	bprà-thâyt hang-gaa-ree
Latvia	ประเทศลัตเวีย	bprà-thâyt lát-wia
Lithuania	ประเทศลิทัวเนีย	bprà-thâyt lí-thua-nia
Poland	ประเทศโปแลนด์	bprà-thâyt bpoh-laen
Romania	ประเทศโรมาเนีย	bprà-thâyt roh-maa-nia
Serbia	ประเทศเซอรเบีย	bprà-thâyt sêr-bia
Slovakia	ประเทศสโลวาเกีย	bprà-thâyt sà-loh-waa-gia
Croatia	ประเทศโครเอเชีย	bprà-thâyt khroh-ay-chia
Czech Republic	ประเทศเช็กเกีย	bprà-thâyt chék-gia
Estonia	ประเทศเอสโตเนีย	bprà-thâyt àyt-dtoh-nia
Bosnia and Herzegovina	ประเทศบอสเนีย และเฮอรเซโกวินา	bprà-thâyt bòt-nia láe her-say-goh-wí-naa
Macedonia (Republic of ~)	ประเทศมาซิโดเนีย	bprà-thâyt maa-sí-doh-nia
Slovenia	ประเทศสโลวีเนีย	bprà-thâyt sà-loh-wee-nia
Montenegro	ประเทศมอนเตเนโกร	bprà-thâyt mon-dtay-nay-groh

149. Former USSR countries

Azerbaijan	ประเทศอาเซอรไบจาน	bprà-thâyt aa-sêr-bai-jaan
Armenia	ประเทศอารเมเนีย	bprà-thâyt aa-may-nia
Belarus	ประเทศเบลารุส	bprà-thâyt blao-rút
Georgia	ประเทศจอรเจีย	bprà-thâyt jor-jia
Kazakhstan	ประเทศคาซัคสถาน	bprà-thâyt khaa-sák-à-thăan
Kirghizia	ประเทศคีรกีซสถาน	bprà-thâyt khee-gèet-à-thăan
Moldova, Moldavia	ประเทศมอลโดวา	bprà-thâyt mon-doh-waa
Russia	ประเทศรัสเซีย	bprà-thâyt rát-sia
Ukraine	ประเทศยูเครน	bprà-thâyt yoo-khrayn
Tajikistan	ประเทศทาจิกิสถาน	bprà-thâyt thaa-jì-gìt-thăan
Turkmenistan	ประเทศเติรกเมนิสถาน	bprà-thâyt dtèrk-may-nít-thăan
Uzbekistan	ประเทศอุซเบกิสถาน	bprà-thâyt ùt-bay-gìt-thăan

150. Asia

Asia	เอเชีย	ay-chia
Vietnam	ประเทศเวียดนาม	bprà-thâyt wîat-naam
India	ประเทศอินเดีย	bprà-thâyt in-dia
Israel	ประเทศอิสราเอล	bprà-thâyt ìt-sà-răa-ayn

China	ประเทศจีน	bprà-thâyt jeen
Lebanon	ประเทศเลบานอน	bprà-thâyt lay-baa-non
Mongolia	ประเทศมองโกเลีย	bprà-thâyt mong-goh-lia
Malaysia	ประเทศมาเลเซีย	bprà-thâyt maa-lay-sia
Pakistan	ประเทศปากีสถาน	bprà-thâyt bpaa-gèet-thăan
Saudi Arabia	ประเทศซาอุดิอาระเบีย	bprà-thâyt saa-u-dì aa-ra-bia
Thailand	ประเทศไทย	bprà-tâyt thai
Taiwan	ไต้หวัน	dtâi-wăn
Turkey	ประเทศตุรกี	bprà-thâyt dtù-rá-gee
Japan	ประเทศญี่ปุ่น	bprà-thâyt yêe-bpùn
Afghanistan	ประเทศอัฟกานิสถาน	bprà-thâyt àf-gaa-nít-thăan
Bangladesh	ประเทศบังคลาเทศ	bprà-thâyt bang-khláa-thâyt
Indonesia	ประเทศอินโดนีเซีย	bprà-thâyt in-doh-nee-sia
Jordan	ประเทศจอรแดน	bprà-thâyt jor-daen
Iraq	ประเทศอิรัก	bprà-thâyt i-rák
Iran	ประเทศอิหราน	bprà-thâyt i-ràan
Cambodia	ประเทศกัมพูชา	bprà-thâyt gam-phoo-chaa
Kuwait	ประเทศคูเวต	bprà-thâyt khoo-wâyt
Laos	ประเทศลาว	bprà-thâyt laao
Myanmar	ประเทศเมียนมาร์	bprà-thâyt mian-maa
Nepal	ประเทศเนปาล	bprà-thâyt nay-bpaan
United Arab Emirates	สหรัฐอาหรับเอมิเรตส์	sà-hà-rát aa-ràp ay-mí-râyt
Syria	ประเทศซีเรีย	bprà-thâyt see-ria
Palestine	ปาเลสไตน์	bpaa-lâyt-dtai
South Korea	เกาหลีใต้	gao-lĕe dtâi
North Korea	เกาหลีเหนือ	gao-lĕe nĕua

151. North America

United States of America	สหรัฐอเมริกา	sà-hà-rát a-may-rí-gaa
Canada	ประเทศแคนาดา	bprà-thâyt khae-naa-daa
Mexico	ประเทศเม็กซิโก	bprà-thâyt mék-sí-goh

152. Central and South America

Argentina	ประเทศอาร์เจนตินา	bprà-thâyt aa-jayn-dtì-naa
Brazil	ประเทศบราซิล	bprà-thâyt braa-sin
Colombia	ประเทศโคลัมเบีย	bprà-thâyt khoh-lam-bia
Cuba	ประเทศคิวบา	bprà-thâyt khiw-baa

Chile	ประเทศชิลี	bprà-thâyt chí-lee
Bolivia	ประเทศโบลิเวีย	bprà-thâyt boh-lí-wia
Venezuela	ประเทศเวเนซุเอลา	bprà-thâyt way-nay-súay-laa
Paraguay	ประเทศปารากวัย	bprà-thâyt bpaa-raa-gwai
Peru	ประเทศเปรู	bprà-thâyt bpay-roo
Suriname	ประเทศซูรินาม	bprà-thâyt soo-rí-naam
Uruguay	ประเทศอุรุกวัย	bprà-thâyt u-rúk-wai
Ecuador	ประเทศเอกวาดอร์	bprà-thâyt ay-gwaa-dor
The Bahamas	ประเทศบาฮามาส	bprà-thâyt baa-haa-mâat
Haiti	ประเทศเฮติ	bprà-thâyt hay-dtì
Dominican Republic	สาธารณรัฐโดมินิกัน	sǎa-thaa-rá-ná rát doh-mí-ní-gan
Panama	ประเทศปานามา	bprà-thâyt bpaa-naa-maa
Jamaica	ประเทศจาเมกา	bprà-thâyt jaa-may-gaa

153. Africa

Egypt	ประเทศอียิปต์	bprà-thâyt ee-yíp
Morocco	ประเทศมอร็อคโค	bprà-thâyt mor-rók-khoh
Tunisia	ประเทศตูนิเซีย	bprà-thâyt dtoo-ní-sia
Ghana	ประเทศกานา	bprà-thâyt gaa-naa
Zanzibar	ประเทศแซนซิบาร์	bprà-thâyt saen-sí-baa
Kenya	ประเทศเคนย่า	bprà-thâyt khayn-yâa
Libya	ประเทศลิเบีย	bprà-thâyt lí-bia
Madagascar	ประเทศมาดากัสการ์	bprà-thâyt maa-daa-gàt-gaa
Namibia	ประเทศนามิเบีย	bprà-thâyt naa-mí-bia
Senegal	ประเทศเซเนกัล	bprà-thâyt say-nay-gan
Tanzania	ประเทศแทนซาเนีย	bprà-thâyt thaen-saa-nia
South Africa	ประเทศแอฟริกาใต้	bprà-thâyt àef-rí-gaa dtâi

154. Australia. Oceania

Australia	ประเทศออสเตรเลีย	bprà-thâyt òt-dtray-lia
New Zealand	ประเทศนิวซีแลนด์	bprà-thâyt niw-see-laen
Tasmania	ประเทศแทสเมเนีย	bprà-thâyt thâet-may-nia
French Polynesia	เฟรนช์โปลินีเซีย	frayn-bpoh-lí-nee-sia

155. Cities

Amsterdam	อัมสเตอร์ดัม	am-sà-dtêr-dam
Ankara	อังคารา	ang-khaa-raa
Athens	เอเธนส์	ay-thayn
Baghdad	แบกแดด	bàek-dàet
Bangkok	กรุงเทพฯ	grung thâyp
Barcelona	บาร์เซโลนา	baa-say-loh-naa
Beijing	ปักกิ่ง	bpàk-gìng
Beirut	เบรุต	bay-rút
Berlin	เบอร์ลิน	ber-lin
Bonn	บอนน์	bon
Bordeaux	บอร์โด	bor doh
Bratislava	บราติสลาวา	braa-dtìt-laa-waa
Brussels	บรัสเซล	bràt-sayn
Bucharest	บูคาเรสต์	boo-khaa-râyt
Budapest	บูดาเปส	boo-daa-bpàyt
Cairo	ไคโร	khai-roh
Chicago	ชิคาโก	chí-khaa-goh
Copenhagen	โคเปนเฮเกน	khoh-bpayn-hay-gayn
Dar-es-Salaam	ดาเรสซาลาม	daa àyt saa laam
Delhi	เดลี	day-lee
Dubai	ดูไบ	doo-bai
Dublin	ดับลิน	dàp-lin
Düsseldorf	ดุสเซลดอร์ฟ	dùt-sayn-dòf
Florence	ฟลอเรนซ์	flor-rayn
Frankfurt	แฟรงค์เฟิร์ท	fraeng-fêrt
Geneva	เจนีวา	jay-nee-waa
Hamburg	แฮมเบิร์ก	haem-bèrk
Hanoi	ฮานอย	haa-noi
Havana	ฮาวานา	haa waa-naa
Helsinki	เฮลซิงกิ	hayn-sing-gì
Hiroshima	ฮิโรชิมา	hí-roh-chí-mâa
Hong Kong	ฮ่องกง	hôrng-gong
Istanbul	อิสตันบูล	ìt-dtan-boon
Jerusalem	เยรูซาเลม	yay-roo-saa-laym
Kolkata (Calcutta)	คัลคัตตา	khan-khát-dtaa
Kuala Lumpur	กัวลาลัมเปอร์	gua-laa lam-bper
Kyiv	เคียฟ	khîaf
Lisbon	ลิสบอน	lít-bon
London	ลอนดอน	lon-don
Los Angeles	ลอสแองเจลิส	lôt-aeng-jay-lít
Lyons	ลียง	lee-yong

Madrid	มาดริด	maa-drìt
Marseille	มารกเซย	màak-soie
Mexico City	เม็กซิโกซิตี้	mék-sí-goh sí-dtêe
Miami	ไมอามี่	mai-aa-mêe
Montreal	มอนทรีออล	mon-three-on
Moscow	มอสโกว	mor-sà-goh
Mumbai (Bombay)	มุมไบ	mum-bai
Munich	มิวนิค	miw-ník
Nairobi	ไนโรบี	nai-roh-bee
Naples	เนเปิลส์	nay-bpern
New York	นิวยอรค	niw-yôk
Nice	นิช	nít
Oslo	ออสโล	òrt-loh
Ottawa	อ็อตตาวา	òt-dtaa-waa
Paris	ปารีส	bpaa-rêet
Prague	ปราก	bpràak
Rio de Janeiro	ริโอเอจาเนโร	rí-oh-ay jaa-nay-roh
Rome	โรม	rohm
Saint Petersburg	เซนต์ปีเตอร์สเบิร์ก	sayn bpì-dtèrt-bèrk
Seoul	โซล	sohn
Shanghai	เซี่ยงไฮ้	sîang-hái
Singapore	สิงคโปร์	sǐng-khá-bpoh
Stockholm	สต็อกโฮลม	sà-dtòk-hohm
Sydney	ซิดนีย์	sít-nee
Taipei	ไทเป	thai-bpay
The Hague	เดอะเฮก	dùh hêyk
Tokyo	โตเกียว	dtoh-gieow
Toronto	โตรอนโต	dtoh-ron-dtoh
Venice	เวนิส	way-nít
Vienna	เวียนนา	wian-naa
Warsaw	วอรซอว	wor-sor
Washington	วอชิงตัน	wor ching dtan

www.ingramcontent.com/pod-product-compliance
Lightning Source LLC
Chambersburg PA
CBHW070550050426
42450CB00011B/2804